DAXUESHENG JIANSHEN TIAOSHENG
LILUN YU SHIJIAN

大学生健身跳绳
理论与实践

明应安　武东海　孙睿　主编

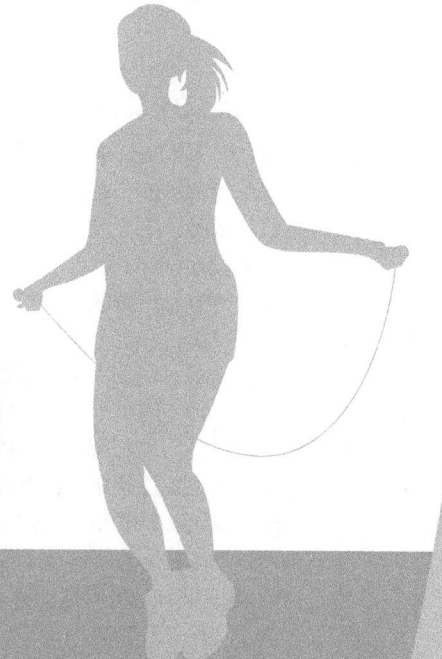

中山大学出版社
·广州·

版权所有　翻印必究

图书在版编目（CIP）数据

大学生健身跳绳理论与实践/明应安，武东海，孙睿主编. —广州：中山大学出版社，2022.10
ISBN 978-7-306-07622-9

Ⅰ.①大… Ⅱ.①明… ②武… ③孙… Ⅲ.①跳绳—高等学校—教材 Ⅳ.①G898.1

中国版本图书馆CIP数据核字（2022）第185147号

出 版 人：	王天琪
策划编辑：	陈　霞
责任编辑：	陈　霞
封面设计：	曾　斌
责任校对：	卢思敏
责任技编：	靳晓虹
出版发行：	中山大学出版社
电　　话：	编辑部 020-84110283，84113349，84111997，84110779
	发行部 020-84111998，84111981，84111160
地　　址：	广州市新港西路135号
邮　　编：	510275　传　真：020-84036565
网　　址：	http://www.zsup.com.cn　E-mail：zdcbs@mail.sysu.edu.cn
印 刷 者：	广东虎彩云印刷有限公司
规　　格：	787mm×1092mm　1/16　12.75印张　160千字
版次印次：	2022年10月第1版　2022年10月第1次印刷
定　　价：	38.00元

如发现本书因印装质量影响阅读，请与出版社发行部联系调换

编委会

顾　问：胡平生
主　编：明应安　武东海　孙　睿
副主编：苏超怡
图　片：蓝炳望　黎小广

目　　录

前　言 ·· 1

第一章　跳绳运动概述 ·· 1
　　第一节　跳绳运动的起源与发展 ································· 1
　　第二节　跳绳运动的特点与作用 ································· 9
　　第三节　花样跳绳的分类与特征 ································· 14
　　第四节　国内外跳绳赛事 ·· 22
　　第五节　跳绳名人榜 ··· 27

第二章　跳绳基本技术与训练方法 ···································· 31
　　第一节　跳绳运动的基本要求 ···································· 31
　　第二节　单摇跳 ·· 34
　　第三节　双摇跳 ·· 42
　　第四节　间隔交叉单摇跳 ·· 46
　　第五节　双人一带一 ··· 48
　　第六节　多人长绳"8"字跳 ·· 51

第三章　花式跳绳技术与训练方法 ···································· 55
　　第一节　花式跳绳初级训练技术 ································· 55
　　第二节　花式跳绳中级训练技术 ································· 81
　　第三节　花式跳绳高级训练技术 ································· 105

第四章 跳绳竞赛的组织与规则 …………………………………… 128
第一节 跳绳竞赛的基本要求 ………………………………… 128
第二节 花样跳绳竞赛的规则 ………………………………… 137
第三节 跳绳竞赛活动的组织 ………………………………… 151
第四节 校园跳绳竞赛策划方案 ……………………………… 154

第五章 跳绳运动的保健知识 …………………………………… 172
第一节 运动保健知识简介 …………………………………… 172
第二节 跳绳运动常见损伤 …………………………………… 172
第三节 跳绳运动损伤的预防 ………………………………… 176
第四节 跳绳运动后的调整 …………………………………… 182

第六章 思政走进体育课堂 ……………………………………… 187
第一节 体育课程思政建设的意义 …………………………… 187
第二节 体育课堂中课程思政的特点 ………………………… 188
第三节 跳绳课程思政的育人价值体现 ……………………… 189

参考文献 ………………………………………………………… 191

前　言

大学生的健康事关国家和民族的未来，有效促进高等院校开展体育运动、实现大学生的全面发展，是贯彻落实"体育强则中国强"的时代战略的必然要求。根据2019年9月发布的《教育部关于深化本科教育教学改革　全面提高人才培养质量的意见》，大学生的体质健康水平是其进行学习、工作和科研的基础，适度适量的体育活动不仅能够磨炼大学生的意志品质，还能提高其抗挫折能力和团队合作能力。目前，各高等院校多以田径、"三大球""三小球"等运动项目为主，而对于培养大学生的终身运动习惯，提高其身体健康水平的功能性训练和康复再生，以及提高大学生体育欣赏能力等相关内容涉及相对较少。为充实体育教学体系，推动高等院校的体育教学改革，促进大学生身心健康发展，弘扬积极的运动观、体育观和健康观，我们着重研究了跳绳这一体育项目，并编写了《大学生健身跳绳理论与实践》一书。

跳绳作为我国一项传统的体育运动，不仅能有效训练个人的反应能力和耐力，更有助于保持挺拔的体态和培养肢体/运动协调性。本书主要从两个方面进行撰写：一方面为基础健身跳绳，适合大部分零基础和运动能力基础较薄弱的学生群体，主要目的在于强身健体，激发运动兴趣；另一方面为花式跳绳，是相对专业的技术升级，主要以表演和竞技为目标，提升大家的技术水平。另外，还加入了基础运动训练康复和保健的指导与建议，让大家更加了解自己的身体并合理运动。各个章节环环相扣，紧密相连，帮助大家全方位了解跳绳运动的体系和逻辑，熟练运用跳绳运动的相关技巧，合理制订出与跳绳相关的体育活动计划和规则，并在发生突发状况时能够及时正确地应对和调整。

相信在这一校本课程教材的实施过程中，大学生能够掌握科学的跳绳方法，培养自身专项运动技能和体育健康管理能力，持续有效地提高自身参与体育运动的自主性，并培养出运动兴趣。同时也希望大学生能够在学习知识之余，深刻体会到体育运动尤其是跳绳运动的艺术魅力。

第一章 跳绳运动概述

第一节 跳绳运动的起源与发展

一、跳绳运动的起源

跳跃，是人类最基本也是最重要的身体动作之一。我们的祖先在长期的与大自然斗争和种族之间斗争的过程中，为了获得更多食物，战胜对手，保护自己和族人的生命安全，不断发展着奔跑跳跃的能力。随着时间的推移，人类在之后的重大节日以及祭祀活动中也采用这种可以调动全身的运动来表达他们对大自然的敬畏。可以说，跳跃，是我们与生俱来的能力。

绳子的出现可以追溯到上万年前，当人类开始使用简单工具时，他们便会用草或细小的树枝绞合搓捻成"绳"。人们用它捆住野兽、固定茅草屋、做成腰带系住草裙……再后来，出现了"结绳记事"，用绳子结出大小的疙瘩以记录事件。然而，是从什么时候开始将跳跃与绳索结合起来运用，到目前为止却仍然是个未解之谜。

大概在四万年前的澳大利亚土著民时期，人们把藤蔓或者是柔软的竹子和跳跃结合在一起，加以练习，形成了一种具有娱乐性的艺术形式。而在尼罗河流域，埃及人利用藤蔓作为绳具来进行日常耐力及灵敏性训练。在西方世界中真正有确切资料证实跳绳活动历史悠久，要追溯到中世纪欧洲，如莫里斯·普雷德加斯特的作品《跳绳》即有当时的孩子们在街道上跳绳玩耍的内容（见图1-1）。

图1-1 莫里斯·普雷德加斯特（Maurice Prendergast）的作品《跳绳》
资料来源：见美术网（https://www.mei-shu.com/famous/26656/artistic-52002.html）。

虽然跳绳这项运动在世界各地都有较早的记载，但是跳绳究竟由谁发明以及如何发明出来的并无定论，毕竟它的两个构成要素是生活中习以为常的事物，或许只是孩子们游戏时偶然所得，故无从记起。

17世纪，跳绳传到了荷兰，在荷兰衍生出了更有趣的形式——交互绳（Double Dutch），由于交互绳最早起源于荷兰，所以又叫"荷兰双绳跳"。这种跳绳的形式在17世纪由荷兰殖民者带到哈德逊河贸易城市新阿姆斯特丹（现在的纽约市）。交互绳在众多花样跳绳比赛当中是最具有娱乐性与观赏性的，它融入了体操动作、舞蹈步伐、古典音乐等多种元素，让简单的跳绳运动变得极具观赏性和趣味性。随着这项运动多年来的不断发展和壮大，以边转边跳、唱押韵歌的形式为主的交互绳运动成为城市地区最受欢迎的消遣方式。第二次世界大战期间，人们经常在纽约的人行道上玩这个游戏。20世纪50年代末，广播音乐的繁荣主宰了美国的城市，而由于缺乏靠近公寓楼的活动场所，跳绳这项运动几乎绝迹了。直到1973年，当时纽约市警察局社区公共事务部门的一名侦探尤利西斯·威廉姆斯(Ulysses Williams)①，发现贫民窟中的不良少年数量急剧增加，为了让城市青少年尤其是女孩远离破坏性的诱惑，他选择交互绳运动作为青少年健康推广计划的项目，这个项目名称叫作"Rope, not Dope"。为让更多的青少年参与进来，他和他的同事戴维·沃克（David A. Walker）一起把街头游戏"交互绳"改造成一项规范、有趣的运动项目。1974年，戴维·沃克成立了该项运动的第一个管理机构——美国交互绳联盟（American Double Dutch League），并于同年2月14日，在美国举办了首届交互绳比赛，近600名中小学生参加。戴维·沃克先生在担任了18年的交互绳联盟主席后，于1992年从联盟辞职，组建了国际交互绳联盟（这项运动的世界级管理机构）和世界著名的交互绳外交表演队。

跳绳运动在我国也有着悠久的历史，如今我们日常生活中进行的跳绳运动可以说与我国古人所进行的别无二致。但无论是古代还是现代，从古至今，跳绳主要还是扮演着娱乐活动的角色。

跳绳，又称"跳马索"与"跳百索"。在长沙马王堆出土的文物中就有"长索"。汉代的《乐舞百戏车马出行图》（见图1-2）石刻画中已展现出跳绳的画面。魏晋南北朝时期的《北齐书·后主纪》也有关于单人跳绳的记载。唐代称跳绳为"透索"，宋代称之为"跳索"，明代称之为"跳白索"。② 这些史实都给了我们探究跳绳起源以启示。据记载，古代战争时也出现了

---

① 参见王然科《论现代交互绳运动与中国青少年体育的关系》，载《体育科学研究》，2018年第22卷第5期，第66-71页。

② 转引自金向红、陈德泉主编《新编大学体育》，苏州大学出版社2018年版，第282-284页。

一种名为"绊马索"的武器，此武器隐藏于地面，是用来绊倒敌人马匹的绳子。或许是受到军事活动的启发，在绊和避绊的军事训练中，改骑马跨越绳子为单人跃绳而过，由此不断演变，最终成为各种各样的跳绳活动。而我国于1972年发掘的内蒙古和林格尔汉墓中的一幅跳绳壁画，则表明了跳绳作为一种娱乐性活动在中国发展已久。

图1-2 《乐舞百戏车马出行图》之跳绳（局部图）

《北齐书》中记载："游童戏者好以两手持绳，拂地而却上，跳且唱曰'高末'。高末之言，盖高氏运祚之末也。"[①] 一般认为，这是关于单人跳绳较早的文字记载。这种"两手持绳，拂地而却上"的跳绳方式也一直流传到现在。南朝梁代宗懔《荆楚岁时记》中有关于"飞百索"的记载："正月十六日，群儿以长索丈许，两儿对牵，飞摆不定，若百索然。群儿乘其动时轮跳，

---

① 转引自白玉林、曾志华、张新科主编《北朝史解读》，云南教育出版社2011年版。

以能过者为胜。"① 这里的"飞百索",正是如今的花样跳绳,这也是有关多人跳绳的记录。魏晋以后,历代都有关于跳绳活动的记载。唐人段成式在《酉阳杂俎·境异》中记载:"八月十五日,行像及透索为戏。"② 南宋以后,跳绳的花样越来越多,更具有观赏性,被并入杂技百戏,还有了"跳索"的别称。宋人吴自牧的《梦粱录·宰执亲王南班百官入内上寿赐宴》记载:"百戏呈拽,乃上竿、跳索、倒立、折腰、弄碗、踢磬瓶、筋斗之类。"③ 宋人孟元老的《东京梦华录·六月六日崔府君生日二十四日神保观神生日》记载:"自早呈拽百戏,如上竿、趯弄、跳索、相扑、鼓板小唱、斗鸡。"④ 辽时,儿童跳绳也很流行。1993年,"幼儿跳绳壁画图"发现于宣化辽代张匡正墓中(见图1-3),绘在后室木门之上半圆形堵墙正面。画面内容表现的是三个儿童正在进行的跳绳游戏,其中两人分立两边,正在聚精会神地摇绳,中间一人跃起,表情稍显凝重,生怕不小心被绳子绊到。

明代的跳索渐渐成为一种民俗,每逢佳节,民间都有跳绳活动,而且出现了多人轮跳的游戏方式。据沈榜《宛署杂记·民风一》载:"跳百索:(正月)十六日,儿以一绳长丈许,两儿对牵,飞摆不定,令难凝视,似乎百索,其实一也。群儿乘其动时,轮跳其上,以能过者为胜,否则为索所绊,听掌绳者绳击为罚。"⑤ 而《帝京景物略·灯市》中记载:"元夕(正月十五晚

---

① 参考京报网《跳绳真的是"最完美的健康运动"吗?》(https://baijiahao.baidu.com/s? id = 1732040942276909589&wfr = spider&for = pc)。

② 转引自李颜敏《跳绳运动的起源与发展探究》,载《安徽体育科技》2015年第36卷第4期,第57-59页。

③ 〔宋〕孟元老:《东京梦华录》,中州古籍出版社2010年版。

④ 〔宋〕孟元老:《东京梦华录》,中州古籍出版社2010年版。

⑤ 转引自聂锴《花样跳绳的体育文化价值研究》,载《陕西教育》2012年第6期,第31-75页。

上),二童子引索略地,如白光轮。一童子跳光中,曰跳白索。"① 这些都是双人摇绳、多人轮跳的游戏方式。

图1-3 河北宣化张匡正墓中的"幼儿跳绳壁画图"

跳绳在清代是一项冬季的户外活动,深受儿童喜爱。清人潘荣陛和富察敦崇的《帝京岁时纪胜》"岁时杂戏"中记录了清代北京元宵节民间的娱乐活动,其中有:"博戏则骑竹马,扑蝴蝶,跳白索,藏蒙儿。"② 阿英的《灯市》记载:"二童子引索略地,如白光轮,一童子跳光中,叫'跳白索'。"清道光二十年(1840)由济南府知府王赠芳修、成瓘纂的《济南府志·风俗》中也载:"每年孟春正月元旦……儿女以绳跳为戏,名曰'跳百索'。"③ 清代的《松凤阁诗钞》中也有记录,说:"太平鼓,声

---

① 转引自聂错《花样跳绳的体育文化价值研究》,载《陕西教育》2012年第6期,第31-75页。

② 〔清〕潘荣陛、〔清〕富察敦崇:《帝京岁时纪胜》,北京出版社1961年版,第10页。

③ 转引自张建伟《论中国古代的跳绳运动》,载《兰台世界》2014年第10期,第111-112页。

第一章
跳绳运动概述

咚咚,白光如轮舞索童,一童舞索一童唱,一童跳入光轮中。"① 清代晚期的《燕台口号一百首》中记载了一首关于轮跳白索的诗:"轮跳百索闹城阓,元夕烧香柏作薪。络索连环声响应,太平鼓打送年人。"② 可见,清代儿童经常在过年时跳百索,一边敲着"太平鼓",一边用有节奏的歌谣加以伴唱,为新年增添了喜庆的节日气氛。

清代民间也有关于女子跳百索活动的记载,如清代《乐陵县志·经制·风俗》载:"元宵期间,女子以跳绳为戏,名曰'跳百索'。"③ 清代晚期出版的《有益游戏图说》中说:"用六尺许麻绳,手执两端,使由头上回转于足下,且转且跃,以为游戏,是谓'绳飞'。"④ 这里称跳绳为"绳飞"。无论从跳绳的方法或是名称来看,都有从"跳百索"继承与发展而来的迹象。

如今,跳绳由最初的庭院游戏已逐步发展成为深受大众喜爱的体育运动。花样跳绳,是一项既传统又现代的运动项目,为了适应时代的发展,它不仅继承了传统跳绳的"摇法、跳法",还融合了舞蹈、武术、体操和音乐等多种流行元素,将力量与速度、竞技与观赏相结合,成为一项集健身、娱乐、竞技、表演于一体的综合性体育运动项目。花样跳绳是由跳绳所衍生的新兴体育项目,"花样"一词说明了其含有丰富的内容和变换多样的形式,能够在较短的时间内对心肺功能产生作用,被一些学者专家称为健康快乐的运动方式。

---

① 转引自陶冶《中国民间儿童游戏系列·之二 跳绳》,载《民俗研究》1993年第3期,第96-97页。

② 转引自陶冶《中国民间儿童游戏系列·之二 跳绳》,载《民俗研究》1993年第3期,第96-97页。

③ 转引自陶冶《中国民间儿童游戏系列·之二 跳绳》,载《民俗研究》1993年第3期,第96-97页。

④ 转引自崔乐泉《图说中国古代游艺》,台北文津出版社2002年版,第303-304页。

二、跳绳运动的发展

(一) 世界跳绳运动的发展

跳绳运动在每个国家和地区都有不同的发展,真正使跳绳这项富民俗性、娱乐性的活动组织化、规范化与普及化,是最近几十年间的事情。

国际跳绳联盟(World Skipping Association)于1996年成立,总部在加拿大,理事会设在比利时首都布鲁塞尔。这是一个世界性的体育单项组织,现在已有成员国和地区50多个,至今该组织已经举办了12届世界跳绳锦标赛。亚洲于2001年成立了亚洲跳绳联盟(Asia Rope Skipping Federation,ARSF)组织,已经举办了10届亚洲跳绳锦标赛。此外,还有欧洲跳绳联盟(ERSO)、泛美跳绳联盟(PARSO)、大洋洲跳绳联盟(ORSF)、非洲跳绳联盟(ARSO)等大洲联盟,每个洲下面又设国家和地区跳绳联盟组织,保证跳绳运动发展的良性循环。

如今,英国、美国、瑞士、德国、荷兰、加拿大等欧美发达国家以及亚洲的日本、韩国、印度、新加坡、马来西亚等国家,都把跳绳运动列为本国运动会的正式比赛项目。欧洲跳绳组织每年7月的最后一周都会举办全欧洲跳绳大赛——欧洲跳绳冠军赛。这也是除了世界跳绳锦标赛外,在全世界最有影响力的国际跳绳大赛。

(二) 中国跳绳运动的发展

自1959年开始,我国相继开展了跳绳培训、跳绳比赛等,古老的跳绳运动焕发出新的生机。

2012年,我国官方跳绳机构、国家体育总局下属"全国跳绳运动推广中心"（以下简称"跳绳推广中心"）在四川成都成立。2013年，在跳绳推广中心的带领下，首次组建的国家队前往新加坡参加第七届"亚洲跳绳锦标赛"，荣获9金6银3铜的优异成绩。2014年，第一届"全国跳绳联赛"在河南郑州成功举办，标志着全国跳绳联赛体系正式形成。2016年，首届"中国国际跳绳公开赛"在贵州荔波举办。2018年，中国承办"第十二届世界跳绳锦标赛"，来自20多个国家和地区的700多名顶尖运动员齐聚上海。2019年，第三届中国国际跳绳公开赛在河北固安举办，由国际跳绳联合会提供支持。2020年，受新型冠状病毒肺炎疫情影响，跳绳推广中心积极响应国家号召，探索并开发"互联网+跳绳"运动新模式，多渠道搭建赛事平台，创新赛事活动形式，助力全民跳绳健身运动。2021年，全国跳绳推广中心正式更名为"全国跳绳推广委员会"。自2013年以来，为进一步提升我国跳绳项目在国际上的影响力，全国跳绳推广委员会先后12次组织国家队参与国际赛事，累计斩获249金、159银、149铜，刷新55项赛会纪录。

近年，跳绳又被列为中小学生的体育达标测试项目、中考体育选考项目，成了一门"必修课"。2020年第14届全国学生运动会和2020年第18届世界中学生运动会分别将跳绳列为正式比赛项目。

第二节　跳绳运动的特点与作用

一、跳绳运动的特点

跳绳运动的主要特点是简单易学、安全性高，简便易行、花样繁多、娱乐性强、竞技性强。作为一项全民健身运动，跳绳运动受众广泛，入门门槛低，一学就会、可简可繁，上至70岁老人，下至3岁小孩，拿到一根绳都可以跳。即便是不会跳绳的人，在教练的指导下，短时间内也可以掌握跳绳运动的基本技巧。

（一）跳绳安全性高

相比于足球、篮球等多人对抗类竞技运动，跳绳运动没有身体之间的直接对抗；而相比于器械健身运动、自行车等运动，跳绳运动致身体受伤的概率会更小。在跳绳初学阶段，可能会因不正确的跳绳动作和练习方式而导致皮肤抽伤、膝盖受伤、脚踝扭伤等现象出现。如果我们掌握正确的跳绳运动动作、选择合适的绳具和场地，运动前做好准备活动，把握好运动量，那么，这些身体损伤基本上可以完全避免。

（二）跳绳具有广泛的适应性

跳绳运动不受场地限制，室内室外都可以进行；跳绳运动不受天气影响，当因天气等原因不能进行其他室外运动时，人们可在通风的室内进行跳绳运动。跳绳简便易行、适应性广的特点最主要体现于场地、器材、实施条件的经济性和便利性上。一根细小的绳子价格低廉且小巧便携，无论是乡间小路还是街头小巷，只要地面平整、场地开阔，人们都可随时随地进行跳绳运动锻炼。

（三）运动形式丰富多样

跳绳主要是由"摇"和"跳"两个动作组成，"摇"的动作在其摇动圈数、摇绳方向、手臂变化等方面存在着多样性；"跳"的动作在其步伐变化、身体变化等方面呈现出多样性，从

第一章 跳绳运动概述

而使跳绳在其运动形式和内容上表现出花式多样的特点。跳绳运动单人项目有单摇跳、多摇跳、交叉跳、个人花式跳等项目，而多人项目可以组合出两人一绳、两人两绳、单长绳、交互绳、多个长绳组合等更有趣多样的花式跳法。

（四）娱乐性与观赏性

跳绳运动的娱乐性体现在该项目能给人带来愉快的心理体验和精神享受。跳绳运动不仅"娱己"，而且"娱人"：娱己是指当人们受天气影响而无法出门活动时，可以选择跳绳，在足不出户的情况下自娱自乐；"娱人"则是指多人协作跳绳或是单人跳绳展演给观众带来的心理上和精神上的满足。

（五）竞技挑战性

虽然跳绳的入门门槛很低，但这并不影响跳绳的竞技性。跳绳初学者 30 秒单摇跳次数约为 50 个，而目前 30 秒单摇跳的世界纪录已经达到 226 个（岑小林在 2018 年世界跳绳锦标赛以 30 秒单摇 226 次打破世界纪录），所以跳绳运动的提升空间很大，跳绳爱好者们也在向着更高的成绩不懈努力。现在全国各地乃至国际上已经有许多跳绳赛事可供跳绳爱好者们参加并体验竞技的乐趣。

二、跳绳运动的作用

（一）全面改善身体素质

跳绳是一项全身性运动，不但会用到上肢力量，腰、腿、腹等核心力量组织也都能得到充分锻炼。提升跳绳速度不仅需要依靠手腕的力量，同时还需要手脚的协调配合。练习花式跳绳，除了对持续的弹跳力有一定要求外，更需要优秀的身体协调能力。此外，无论是速度还是花式，为了保持跳绳时的稳定，优秀的核心力都是不可或缺的。合理有效地进行锻炼，对人的力量、耐力，以及身体的协调与灵活性大有裨益。跳绳不单单是独立的项目，往往还作为其他运动的辅助训练手段。跳绳运动对于人体各个器官和肌肉以及神经系统也有诸多益处，如促进胃肠蠕动以及关节灵活等，所以，长期跳绳可以预防胃病、肥胖、失眠、关节炎、神经痛等的发生。医学专家认为，跳绳可以提高人的弹跳力、速度、平衡力、耐力和爆发力，同时可培养准确性、灵活性、协调性，以及顽强的意志和奋发向上的精神。

（二）锻炼心肺功能

作为一项中高强度的运动，经过医学和运动生理学验证，长期坚持跳绳运动能够增强心脏收缩能力，改善血液循环，提高心肺供氧能力，使心血管系统得到有效锻炼。

（三）塑造形体

从运动量来说，持续跳绳10分钟，与慢跑30分钟或跳健身舞20分钟相差无几，所以，跳绳可谓耗时少、耗能大的有氧运动，它能使人的身体迅速进入消耗脂肪的阶段。跳绳能够有效调动人体全身肌肉，尤其是消除臀部和大腿上的多余脂肪，增强力量，健美形体，并能使人的动作敏捷，使身体的重心更为稳定。

（四）增强神经系统的功能

跳绳时需要人的手脚高度协调，尤其是需要提升跳绳速度以及练习花式跳绳的复杂动作时，人的大脑对手和脚的精确调控至关重要。另外，手握绳柄对拇指穴位产生的刺激也在一定程度上增强脑细胞的活力，强化思维和想象力，因此，跳绳是健脑运动不错的选择。

(五) 预防多种疾病

跳绳可以预防多种疾病,如糖尿病、关节炎、肥胖症、骨质疏松、高血压、肌肉萎缩、高血脂、失眠症、抑郁症、更年期综合征等多种病症。对处于哺乳期和更年期的妇女来说,跳绳还兼具放松情绪的积极作用,因而也有利于女性的心理健康。

(六) 有助于青少年骨骼发育

对于青少年来说,经常参加跳绳运动,跳绳时跳起和落地的动作使身体重量对下肢骨骼产生适宜的压力,可对其肌肉和骨骼发育产生良性刺激,从而促进其生长发育。此外,跳绳还具有以下优点:在跳绳摇跳的过程中,自跳自数可以帮助儿童确立数字概念;提高儿童的记忆能力;培养儿童的平衡感和节奏感;改善因坐姿不良而形成的佝偻;增加自信心;等等。

(七) 激发潜力

跳绳可以提高人的学习能力、记忆力、判断力,增强人的想象力和创造力。坚持跳绳,可以增强脑部神经的活力,提高思维能力,人的机体在运动时会把信息反馈给大脑,从而刺激大脑进行积极思维。跳绳时的自跳自数,通过信息的来回往返,可促进大脑思维加快,使判断更准确,肢体活动灵活有力,使语言变得清晰流畅,从而达到智力、体力、应变能力的协调发展。

(八) 培养意志,放松心情

跳绳不仅可以帮助人们缓解和放松情绪,减轻心理压力;还可以培养人的顽强的意志和奋发向上的精神;等等。

第三节 花样跳绳的分类与特征

花样跳绳在国际上被称为"rope skipping",国内称之为"花样跳绳"或"花式跳绳"。花样跳绳是一项融大众健身(绳操、绳舞等)、专业竞技(计数赛、花样赛等)、趣味表演(表演赛、趣味赛等)为一体的完美的运动项目。

一、花样跳绳的分类

2018—2021年的全国跳绳竞赛规则将花样跳绳分为以下八个类别:①个人花样跳;②两人同步花样;③四人同步花样;④两人车轮花样;⑤三人交互绳花样;⑥四人交互绳花样;⑦集体自编赛;⑧规定赛。从动作难度上划分,可以分为缠绕式、交叉式、力量式、体操式等多个类别。花样跳绳由传统跳绳演变而来,并将健美操、街舞、武术等动作融入其中,改变了传统跳绳的单人跳方式,创造出双人或多人跳法。同时,花样跳绳还突破了传统只用一根绳的运动方式,既可以两人一绳,也可以两人两绳或多人多绳。从摇绳技术方面来看,花样跳绳发展出侧身摇绳、背后摇绳以及缠绕摇绳等多种技术,跳绳时还可结合音乐以增强其观赏性,或是采取竞技比赛的形式以增强此运动项目的参与性,从而使之逐渐发展成为广大民众乐于接受的全民健身活动形式。

(一)作为大众健身项目的花样跳绳

作为大众健身项目的花样跳绳,指以强身健体、娱乐安全为主，培养个人基本身体素质及提高基本运动技能为目的的跳绳运动方式。它适合男女老少，符合大众健身的需求。现今作为国内大众健身项目的跳绳主要是基本跳绳，如并脚跳、交替跳等形式，除此之外，还有胡安民创编的花样跳绳、初级八套路、跳绳八节操、健美跳绳操、中老年人绳操标准等。

（二）专业竞技跳绳

竞技跳绳指所有以竞赛争胜为目的的花样跳绳，它包括以下几种（见表1-1）。

1. 计数赛

计数赛项目是指在规定的时间内以完成动作次数决定胜负，或者不限定时间而统计某一动作的完成次数来判定输赢的项目。计数赛是国内、国际所有花样跳绳比赛中的常规竞赛项目之一。国内外花样跳绳比赛常设计数赛项目有30秒单摇跳、30秒双摇跳、3分钟单摇跳、连续3摇跳（12周岁以上）、2×30秒双摇接力、60秒交互绳速度跳、4×30秒单摇接力、4×30秒交互绳接力。其中，个人速度赛分男子组、女子组，两人以上速度赛分男子组、女子组、混合组。

2. 花样赛

在花样赛中，在规定时间内完成难度动作的数量越多且难度越大，难度分值就越高，难度分值再加上完成、创意、编排等的分值为最后得分，以分数高低决定名次。花样赛分为个人花样赛和团体花样赛。国内外花样跳绳比赛常设花样赛项目有个人花样、双人同步花样、双人车轮跳花样、三人交互绳花样、四人同步花样、四人交互绳花样。其中，个人项目只有男女个人花样跳绳比赛，团体项目包括男、女、混合组三类。

3. 大师赛和团体赛

大师赛是综合评定一名运动员素质的竞赛项目，参赛运动员必须完成30秒单摇、3分钟单摇、个人花样比赛3个项目，评委根据相关规定逐项评分，最后得分最高者获得男子、女子跳绳大师荣誉。团体赛是指4~6人组成一个团队，成员必须完成双人同步花样、三人交互绳花样、4×30秒单摇接力、4×30秒交互绳接力、四人同步花样、四人交互绳花样6个项目，评委根据规则进行评分，最后团体得分最高者获得团体冠军荣誉。

表1-1 跳绳比赛项目表

项目名称		个人项目	双人项目	三人项目	四人项目
计数赛项目	男子	30秒单摇跳	2×30秒双摇接力	60秒交互绳速度跳	4×30秒单摇接力
		30秒双摇跳	—	—	4×30秒交互绳接力
		3分钟单摇跳	—	—	—
		连续3摇跳	—	—	—
	女子	30秒单摇跳	2×30秒双摇接力	60秒交互绳速度跳	4×30秒单摇接力
		30秒双摇跳	—	—	4×30秒交互绳接力
		3分钟单摇跳	—	—	—
		连续3摇跳	—	—	—
	男女混合	—	2×30秒双摇接力	60秒交互绳速度跳	4×30秒单摇接力
		—	—	—	4×30秒交互绳接力

续表 1-1

项目名称		个人项目	双人项目	三人项目	四人项目
花样赛项目	男子	个人花样	双人同步花样	三人交互绳花样	四人同步花样
			双人车轮跳花样	—	四人交互绳花样
	女子	个人花样	双人同步花样	三人交互绳花样	四人同步花样
			双人车轮跳花样	—	四人交互绳花样
	男女混合	—	双人同步花样	三人交互绳花样	四人同步花样
			双人车轮跳花样	—	四人交互绳花样
大师赛项目		30秒单摇跳	—	—	—
		3分钟单摇跳	—	—	—
		个人花样	—	—	—
团体赛项目		—	双人同步花样	三人交互绳花样	4×30秒单摇接力
					4×30秒交互绳接力
					四人同步花样
					四人交互绳花样

资料来源：王奉涛《花样跳绳初级教程》，江苏大学出版社 2015 年版，第 6 页。

（三）趣味表演

趣味赛是指国内各地区以跳绳为载体展示自己的地方特色及传统特点，从而形成的具有地方特色的趣味比赛。例如，双人单

大学生健身跳绳理论与实践

绳单摇跳、双人和谐跳、三人和谐跳、十人长绳同步跳等。表演赛是将各种不同的元素融入花样跳绳中，将花样跳绳运动转化为一个表演节目。它具有较高的艺术价值和观赏价值，是一种很好的传承文化的载体。表演赛参赛者通常为8～20人，时间为6～8分钟。在表演过程中，参赛者和观众的互动也是评判的标准之一。

二、花样跳绳的专业术语

花样跳绳种类繁多，专业术语是为了更好地对跳绳理论和技术等方面进行归纳与定义。其文字简练，是表达交流跳绳信息不可缺少的工具。

目前，花样跳绳术语主要分为两大类，分别是结构术语和命名术语。

（一）结构术语

结构术语是指描述动作形式及完成过程的专门术语。这一类术语属于标准术语或规范术语，用来严谨地描述动作的结构和完成路径。由于结构术语中对高难度动作的文字描述较长，为了方便教学、训练及交流，在实践中常使用简化的术语。结构术语包括完整术语和简化术语。

1. 完整术语

完整术语是指结构完整、书写规范的术语，是其他术语的基础。完整术语的结构包括开始和结束姿势、动作部位、动作规范、动作形式和动作做法。

2. 简化术语

简化术语是指为了便于教学、训练而使用的将某些完整的结构术语简化了的专门用语。随着跳绳运动的日益发展，这类术语也有不断增加的趋势，其特点是表达方法与动作有着紧密联系，易引起动作联想，使用简单方便。简化术语又可以分为中文简化术语和英文简化术语或字母替代简化术语。中文简化术语，如用"交叉"代替"双手体前交叉"；英文简化或字母代替简化术语，如用"C"代替"Cross（双手体前交叉）"。①

字母代替简化术语对应及备注如表1-2。

表1-2　字母代替简化术语对应及备注表

根据跳绳技术动作完成时，四肢与躯干的位置关系特点分为五个元素。			
五元素代表动作	字母	描述	动作延伸
直摇	O	两手打开，相互无交叉的直摇系列	O_1、O_2、O_3、O_4、O_5、O_6 等
体前交叉	C	两手在体前交叉的交叉系列	C_1、C_2、C_3、C_4
侧甩	S	绳子不过身体的侧甩技术	（无系列动作）
前后交叉	E	一手在体前、一手在体后的前后交叉系列	E_1、E_2、E_3、E_4、E_5、E_6
背后交叉	T	两手都在身体背后的体后交叉系列	T_1、T_2、T_3

备注：
（1）给字母加数字下标

异侧手交叉在类别后面加1，如O、C、E系列（如C_1：异侧胯下交叉跳；E_1：前后异侧胯下交叉跳）。

同侧手交叉在类别后面加2，如O、C、E系列（如C_2：同侧胯下交叉跳；E_2：前后同侧胯下交叉跳）。

双手交叉在类别后加3，如O、C系列（如C3：双手单腿跨下交叉跳）。

颈后交叉在类别后面加4，如O、E、T系列（如E_4：体前颈后交叉跳；T_4：背后颈后交叉跳）。

---

① 王奉涛：《花样跳绳初级教程》，江苏大学出版社2015年版，第13页。

续表1-2

一手在颈后同时异侧手交叉在后面加5,一手在颈后同时同侧手交叉在后面加6,如O、E系列。

(2) T的特殊位置代码

T:双手背后交叉;T_1:一手膝后、一手背后交叉;T_2:双手膝后交叉;T_3:一手颈后、一手膝后交叉。

(3) 表示两个动作重复且有方向变化时或者手的上下位置有变化时,在第二个动作的右上方给字母加上标(如C-C′),相对于第一个C而言,以右手在上,左手贴近身体为例,第二个C则是左手在上,右手贴近身体;在字母下加横线为反摇动作(O为直摇,$\underline{O}$为后摇)

资料来源:王奉涛《花样跳绳初级教程》,江苏大学出版社2015年版,第13页。

(二) 命名术语

命名术语是指根据动作的完成形态或形意动物对动作进行描述的专门用语,包括形意术语和引用术语。这类动作术语的特点是便于记忆。形意术语是用形象、形意描述动作的一类术语,由广大跳绳工作者从体操、武术、传统文化中借用而来,具有浓厚的民族传统性。此类术语由于有形象、形意等特点,简单易记,很容易被人们接受,如大象跳、双塔罗、割麦式等。

在借鉴和引用国外跳绳动作时,我国广大跳绳工作者都是采用将英文术语直译的命名方式,所以,这些直译术语被称为引用术语。

三、花样跳绳的特征

与传统体育项目相比,花样跳绳具有鲜明的特点,是一项极易推广、低成本,且具有极高的健身运动价值的运动项目。花样跳绳训练具有自身的特点,存在着一定的内在规律,只有遵循和严格按照规律实施训练,才能获得良好的训练效果。

(一) 简便易行

花样跳绳对场地、器材、设施条件的要求相对于其他运动低。一根价格便宜、小巧便携的绳子就是跳绳运动的器材。场地方面,不论是街头小巷还是乡间小路,只要地面平整,便可随时进行跳绳练习和锻炼。

(二) 时间自由

花样跳绳因不受场地的限制,运动器材又简便易携,活动安排也可灵活多样,所以对于一般跳绳爱好者来讲,训练时间可随时安排。无论是上班族还是学生,都可以利用上下班、上下学前后的空余时间进行练习。业余爱好者要想达到最佳训练效果,应事先制订长期训练计划,明确发展方向和长远目标;同时,制订阶段性训练计划,包括训练内容安排、采取的方法与手段等,以保证长期训练目标的实现。

(三) 花样繁多

花样跳绳既有田径运动中的速度、耐力等单一体能类项目,如30秒单摇跳、3分钟单摇跳等;又有艺术体操、武术运动中的难美类运动项目,如个人花样;同时还有融合各种元素于一身的表演性项目。因此,花样跳绳的种类繁多,一方面,可以吸引更多的人参与其中;另一方面,繁多的种类也给训练带来了更大的难度。

(四) 趣味性高

花样跳绳有两种运动形式:一是计数运动,二是花样运动。计数类跳绳以单绳跳为主。花样跳既可以单人花样跳、两人同步花样跳,也可以多人车轮跳、交互跳,或是以绳网绳阵的方式进行群体性跳绳。花样跳绳极具创意性,运动者可自创花样,演变出多达上千种的跳绳形式。花样跳绳还可以根据跳法的不同,任意搭配音乐,在综合变化的基础上编创出多种类型的花样。花样跳绳极佳的趣味性和极强的创意性,使参与者兴趣盎然并乐在其中,所以,在全民健身或学校体育运动中极具推广价值。

(五)观赏性强

花样跳绳所展现的速度、力量、难度及团体配合技巧给观众带来极大的视觉冲击,给人带来美感和心灵的震撼,极具观赏性和竞赛表演价值。

第四节 国内外跳绳赛事

跳绳作为一种娱乐性活动,在中国的发展和兴起由来已久,具有悠久的历史。当下,跳绳运动已发展为一项集健身、娱乐、竞技、观赏于一体的体育竞技运动项目,极具技巧性、趣味性、艺术性与观赏性。跳绳从竞技角度来看是一项有组织的对抗性和竞争性运动,要想让人们提高跳绳运动的水平,保持对跳绳运动的热情,组织各种规范性的跳绳比赛是必不可少的。

一、国内跳绳赛事

(一)全国跳绳公开赛

2007年,国家体育总局社会体育指导中心推动并颁布了

《中国跳绳竞赛规则》，并于同年12月7日至10日在广东广州举办了首届全国跳绳公开赛，来自全国各省市的27支代表队共200名跳绳运动员参加了计数赛、花样赛和趣味赛三大类的比赛。《中国跳绳竞赛规则》的颁布和首届全国跳绳公开赛的举办，是我国跳绳运动发展历史上重要的里程碑，打开了我国跳绳运动发展的新局面，使其走上规范且快速发展的轨道。全国首届跳绳公开赛是一次集娱乐性、观赏性、竞争性于一体的跳绳赛事，对推进全民健身计划的落实、践行"全民健身与奥运同行"主题起到积极的作用。此外，首届全国跳绳公开赛的开展也结束了跳绳仅仅作为民间体育活动、体育活动的某一比赛项目的历史。①

（二）全国跳绳联赛

首届"培林杯"（2014—2015年）全国跳绳联赛于2014年9月28日在上海财经大学正式举行启动仪式，由国家体育总局社会体育指导中心、中国大学生体育协会、中国中学生体育协会联合主办，全国跳绳运动推广中心及各地教育、体育相关主管部门承办。联赛分华中、华东、西南、华北等六赛区举行，项目按照年龄分为幼儿组、儿童组、少儿组、少年组、青年组、成年组、中老年组七个组别。依项目则分为男子组、女子组、混合组三个组别。联赛制，其根本目的是用联赛的方式让全国各地更多的学校、更多的跳绳爱好者有机会就近参加比赛，掀起"多运动、强体魄"的浪潮，展示当代学生的精神风采，因此也得到了教育部中国大学生体育协会和中国中学生体育协会的大力支持。

（三）全国跳绳挑战赛

全国跳绳挑战赛是跳绳专业赛事中竞技化发展较为缓慢的赛

---

① 郭思化：《全国跳绳联赛赛事运作的态势研究》（学位论文），上海体育学院2020年。

事。其举办主要依附于安徽省池州市全国绿色运动健身大赛。2014年,首届全民健身运动会得以举办,并启动"跳绳强心十年计划"(2014—2023年),这是中国借鉴加拿大"跳绳强心运动"后的初步尝试,也是我国内地跳绳强心活动的雏形。2016年,相关部分公布跳绳强心活动等级标准(试行),提出跳绳在强调竞技化发展的同时更注重大众健身,力求将跳绳运动推广为一项惠及亿万人群的项目。2015年,第二届全国跳绳挑战赛在池州市举行,该次赛事的参赛对象不限组别与地域,均为跳绳爱好者。2016年,第六届全国绿色运动健身大赛中,跳绳挑战赛广受群众欢迎。由于跳绳挑战赛依附于全国绿色运动会,与其他多类运动项目同时举行,故其专业性质不够明确,专业选手参与度也有所降低,但挑战赛的举办对将跳绳推广至大众健身领域有积极的主导作用。① 因不可抗因素,2022年全国跳绳挑战赛改为线上举办。为便于群众参与,在项目设置上,比赛设置了30秒单摇跳、3分钟单摇跳、800个定数计时赛等大众普及型竞赛项目,参与挑战并成功完赛,即可领取电子版参赛证书。赛事不设专业门槛,全面覆盖儿童、青少年及老年人。赛事一经上线,就吸引了大量群众线上打卡,掀起全民健身的热潮。

(四) 全国跳绳锦标赛

全国跳绳锦标赛始于2012年,是随着公开赛、挑战赛等比赛的进行,参赛人数逐渐增多而设立的一次较为专业的赛事,以推动跳绳运动的专业竞技化发展。2013年10月,湖北省宜都市参赛队伍在全国跳绳锦标赛中获胜,获得了参加2014年世界跳绳锦标赛的资格,这是我国第三次参加世界跳绳锦标赛。在此次

---

① 杨瑞洁、戴丽、张金桥:《中国跳绳专业赛事发展研究》//Proceedings of 2017 7th ICEA International Conference on Information Science, Library Science and Social Sciences (ILS 2017), 2017: 358-363.

世界跳绳锦标赛中，我国首次获得了金牌。2014年与2015年的全国跳绳锦标赛，都与当年的中国跳绳联赛总决赛一同举行。2016年，"五丰黎红杯"全国跳绳锦标赛在四川省汉源市举行，其中，青少年参赛队伍占参赛队伍总数的85%，且集中于学校代表队。参赛选手类别的集中标志着跳绳运动的学校体育推广成效显著。① 2017年，"德育龙杯"全国跳绳锦标赛于浙江省台州市举办，此次比赛除了按照以往的比赛惯例外，现场还有一个受人瞩目的地方——Loop体验区，通过手机连接互联网，参赛不再需要亲临现场，统计成绩也无需裁判。这是一次超出想象的比赛，科技不仅改变了体育项目本身，也改变了人们参与体育运动的方式。

二、国外跳绳赛事

（一）国际跳绳比赛

国际跳绳赛由国际跳绳联盟（International Rope Skipping Federation，FISAC-IRSF）组织承办。该联盟成立于1996年，是各个国家官方予以承认的国际性跳绳组织，由它组织的各类世界性的跳绳比赛，加强了各个国家和地区间的交流，促进了信息的交换，增进了各地区的情感，推动着跳绳运动的不断发展。②

国际性的顶级跳绳赛事是由国际跳绳联盟所组织的世界青少年跳绳锦标赛和世界跳绳锦标赛，这两项比赛每两年举办一次。

---

① 杨瑞洁、戴丽、张金桥：《中国跳绳专业赛事发展研究》// Proceedings of 2017 7th ICEA International Conference on Information Science, Library Science and Social Sciences (ILS 2017), 2017: 358 – 363.

② 王然科、张吾龙：《中外跳绳运动发展研究》，载《体育文化导刊》2011年第9期，第41 – 45页。

两个项目都有各国的优秀跳绳选手参加，比赛成绩代表了当今跳绳运动的发展水平。目前，最受欢迎的运动项目就是互动绳赛和花样赛，这种竞赛的动作多变，内容丰富，因此更加注重团队精神。花样赛分个人花样和团体花样两项，融入了各种现代元素，具有很强的观赏性且深受大众喜爱。世界三大交互绳比赛分别为日本交互绳比赛、比利时交互绳比赛和纽约交互绳戴维·沃尔克纪念赛。

（二）跳绳世界杯赛

2010年，世界跳绳联盟（World Jump Rope Federation, WJRF）在美国俄亥俄州梅森市成立，主要组织注册运动员层面的跳绳竞赛活动。由世界跳绳联盟主办的赛事跳绳世界杯赛（World Jump Rope, WJR），从2011年开始举办，每年举办一次。因FISAC-IRSF与World Jump Rope Federation在2018年3月合并，2019年在挪威举办的第九届跳绳世界杯赛也成了该赛事的最后一届赛事。2019年7月4日，跳绳世界杯赛于挪威奥斯陆再次华丽开展，来自5大洲、26个国家及地区的975名参赛运动员，齐聚挪威奥斯陆，以绳之名，同台炫技。除了参赛规模创历史之最，中国跳绳国家队还为之注入新鲜血液，共选拔出18支队伍为国出征，其中，中国队队员岑小林不仅在比赛中表现惊人，更打破了五项赛会纪录，为中国队取得优异成绩。

（三）亚洲跳绳锦标赛

亚洲跳绳锦标赛（Asian Rope Skipping Federation, ARSF）为非政府、非营利性、非歧视性组织，简称"亚洲跳绳联盟"。ARSF是亚洲大陆的官方联盟，隶属于国际跳绳联合会（FISAC-IRSF）。ARSF共举办了11届亚洲跳绳锦标赛，每两年举办一次，比赛设项分别有30秒单摇跳、3分钟单摇跳、个人花样、

4×30秒单摇接力、2×30秒双摇接力、双人同步花样、60秒交互绳速度、三人交互绳花样、连续三摇跳9个项目。各届举办的时间地点分别是：韩国（2001年10月）、泰国（2003年2月）、马来西亚（2005年2月）、印度（2007年2月）、中国香港（2009年7月）、韩国（2011年7月）、新加坡（2013年7月）、马来西亚（2015年8月）、韩国（2017年7月），第十届亚洲跳绳锦标赛在2019年7月24—30日于中国香港举办。[①] 2022年的线上亚洲跳绳锦标赛是亚洲跳绳联合会（Asian Jump Rope Union，AJRU）成立后举办的首届"亚锦赛"，由中国香港跳绳总会（Hong Kong Rope Skipping Association，HKRSA）承办，于线上举行。2022年8月4日，中国跳绳国家队在北京举行授旗仪式。

第五节　跳绳名人榜

一、中国"跳绳王"胡平生

胡平生，1949年生于北京，现任国家体育总局跳绳推广委员会技术总监。由于对跳绳运动的研究和创新引起中外体育界和跳绳组织的关注，2003年，他成为中央民族大学体育学院特聘教授，任中国管理科学研究院学术委员会特约研究员，同时是国内多所大、中、小学校的指导老师或名誉校长。多年来，胡平生一直致力于全国跳绳运动的推广，每年都要往返于全国各地，对

[①] 郭思化：《全国跳绳联赛赛事运作的态势研究》（学位论文），上海体育学院2020年。

各地的跳绳技术进行指导,而他的学生更是遍布全国。他被国际跳绳联盟副主席、亚洲跳绳联盟主席李钟瑛誉为"中国跳绳王"。2005年,胡平生受国家体育总局委托起草了《中国跳绳比赛规则》(以下简称《规则》),又多次参加专家组对《规则》的讨论和修改且《规则》已被国家体育总局采用。

他发明的胡氏跳绳法获得了国家专利和香港技术博览会金奖、伦敦国际专利技术成果博览会金奖。此外,他还发明了全世界独一无二的新型结构跳绳——龙花,可以扩展为六大不同类别的龙花。2007年12月和2009年7月,国家体育总局先后举办了两届全国跳绳公开赛,来自全国的参赛选手绝大多数都是他的学生,30余个比赛项目获奖的前六名选手中,他的学生超过了85%。

现在,胡平生将主要精力放在广东地区的跳绳教育教学与发展上,每年大半时间都在广州、深圳等地的学校做跳绳运动的指导。除了在学校蹲点教学外,他还对广东地区的学校教师进行跳绳培训。在他的努力推动下,广东地区的中小学的跳绳运动已如火如荼地开展起来。胡平生为中国跳绳的推广发展做出了重大的贡献。①

二、北京"绳王"王守中

王守中,人称"北京绳王",是中国五摇跳第一人。2002年4月12日,他创下了"网状跳"——142个人摇71根绳的纪录。同年7月11日,又创造了150个人摇75根绳,一人跳160下的吉尼斯世界纪录。该记录于10年后在其见证下由北京师范大学

---

① 参见百度百科(https://baike.baidu.com/item/胡平生/2127085?fr=aladdin)。

第一章
跳绳运动概述

什邡附属外国语学校 150 名学生同时摇动 75 根跳绳，一名队员在场中央连续跳跃 195 次，打破了其此前的记录。王守中不仅创造了"交错绳""短飞飞""波浪绳""外手换棒""平行转"等几百个跳绳花样，还出版了《跳绳》和《花样跳绳》，以及"全国中小学课外文体活动工程体育艺术 2+1 项目"的教科书等。他先后担任首都职工体育协会花样跳绳表演队教练，首都大学生跳绳协会技术指导、北京市毽绳协会学术委员会副主任等职。

2008 年，王守中带领他的学生——北京三路居小学的 43 名学生和 6 位教师，在北京奥运会主会场向各国的观众朋友展示了花样跳绳和绳网跳绳技艺。在短暂的 6 分钟的时间里，依次表演了"1965""5 人飞""波浪""交错""波浪交错"的花样跳绳节目，节目的最后是以两个像"鸟巢"一样的 20 根绳"绳网跳"收尾，其中，"6 条绳交错跳"第一次展现在大众眼前，给了观众极大的惊喜。①

三、中华"跳绳王"胡安民②

胡安民（1938—2020 年），出生于陕西省西安市刁家村，中国跳绳运动员，中华跳绳王。他从小生活在农村，喜欢体育运动，在其祖母的影响下开始接触跳绳，并传承了花样跳绳的技艺，能将一根绳子跳出百种花样。为了能让跳绳运动这项传统运动传得更远，让更多人看见，他将一生都奉献给了跳绳。

胡安民一生中创立了 12 大类 300 多种花样跳绳技术，推动了花样跳绳技艺跻身陕西省省级非物质文化遗产名录。1981 年，

---

① 参见百度知道（https：//zhidao.baidu.com/question/1898801133063731620.html）。

② 参见百度百科（https：//baike.baidu.com/item/胡安民/55711640? fr = aladdin）。

胡安民给时任中共中央组织部部长胡耀邦写信,建议在全国大、中、小学推广跳绳。不久后,国家体育运动委员会便向全国发出通知,在中小学开展"三跳"活动,即跳皮筋、跳绳、踢毽子,进一步促进了中小学体育活动的开展。但要说胡安民对跳绳的最大贡献,还在于打破了"绳必从脚下过"的传统,创立了"前后打"的跳法,不仅以脚步的变化和过绳方式来完成各种跳法和各种花样,同时还将武术、杂技、体操等动作融汇到花样跳绳中。他创编了绳操、绳舞、绳拳、绳技、绳阵、趣味跳绳、跳长绳、跳双绳、多绳交叉跳、跳绳的行进动作、跳绳接力和跳绳拉力12大类,花样达到数百个。之后,他便将毕生心血整理成跳绳教材,全部无偿贡献给了跳绳界。因此,他获得了"最美陕西体育人"的荣誉称号,并被誉为"中华跳绳王"。

第二章 跳绳基本技术与训练方法

第一节 跳绳运动的基本要求

一、绳具的选择

跳绳属于大众化的运动器材,但选择一条适合自己的跳绳对于养成良好的锻炼习惯以及进一步提升技巧至关重要。随着跳绳专业化的发展,现代的绳具具有了新的变化,不仅种类繁多,而且不同的绳具能满足不同人群做不同跳绳动作的需求。常见的跳绳器材(见图2-1)有竹节绳(见图2-1a)、胶绳(见图2-1b)、棉纱绳(见图2-1c)、包胶钢丝绳、钢丝绳,以及电子数据终端跳绳设备器材(见图2-1d),等等。

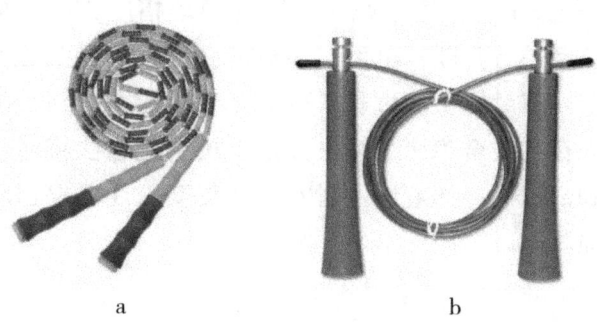

a　　　　　　　　　　b

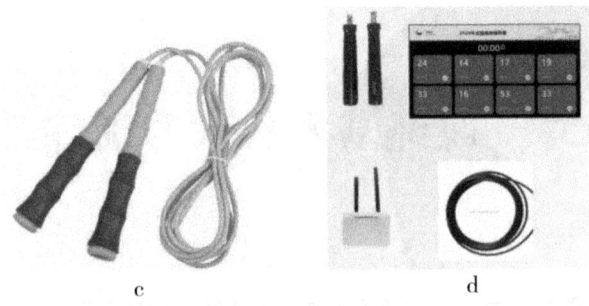

图2-1 跳绳器材

初学跳绳时可以选择质地软硬适中的竹节绳，一方面便于控制，有利于养成锻炼的良好习惯；另一方面，竹节绳相对较重，有利于锻炼身体的耐力和力量，对后续改换轻绳，进一步提升速度有一定帮助。

跳绳前需要调整好绳子的长度，标准长度一般以双手分别握住两个绳柄，直立，一脚踩住绳体的中间，两手将绳柄向中间靠拢并上拉起至同一水平面，不计绳柄长度，绳体顶端不过腋为宜；而对于有一定基础、想要提高速度的练习者，可以按上述方法将绳长调至肚脐位置。在调整跳绳长度时可以双手握绳子两端，脚踩着绳体，双手的位置需要在腰部以上（见图2-2）。若长了可以适当减小手臂的摆动幅度，以手腕为轴摇绳来对长度进行判断；也可以根据自身的跳法以及习惯的姿势进行调节。若跳绳长度过长，可能导致跳绳击打到其他小碎石等物体，存在安全隐患。解决方案是按上述方法将绳子的长度调节至胸部以下。随着练习者水平的提高，还可根据动作要求来调节绳长。

图2-2 调绳姿势

二、跳绳常识及跳前准备工作

(一) 服装的选择

跳绳时应选择合体舒适的运动服,以轻便、吸汗的运动衫为主,不建议穿过于宽大、笨重的服装;鞋子的选择以质地软、重量轻、减震力强的运动鞋为最佳。

(二) 场地的选择

跳绳不受场地大小的限制,但应避免灰尘多或者有沙砾的场地及凹凸不平的水泥场地,最好选择木质地板或具有弹性的塑胶场地,避免受伤。

(三) 跳绳的时间

一般不受任何限制,只要有空闲就可以进行练习,但饭前和饭后半小时内不要跳绳，且跳绳前不可大量饮水，避免引起身体不适。

（四）运动前热身

跳绳属于中高强度的运动，运动前应提前热身，让腕部、足部、腿部、脚踝处到充分的活动，热身完毕再进入正式的跳绳练习，则效果更佳。

（五）控制运动强度

初学者在刚开始练习跳绳时，时间不宜过长，应循序渐进，由易到难，先从基础的单人跳开始练习，熟练掌握后可再进行难度较高的花样跳及多人跳练习。

第二节　单摇跳

单摇跳是跳绳最基本的动作。队员双手持绳，双脚以轮换发力跳起的方式跳绳，每起跳一次，绳体越过头顶并通过脚下绕身体一周（360°），称作轮换单摇跳。队员也可以双脚同步跳起，这又被称为并脚跳。初学者可先学习并脚跳，熟练后再练习轮换跳以增加跳绳速度和训练强度。

一、动作方法

（一）握绳

握绳具体动作和方法见图 2-3 所示。食指和大拇指第一关节握住绳柄前 1/3 处（见图 2-3a），中指无名指和小拇指握住绳柄下端，手心呈空心状，便于手指调节与发力（见图 2-3b）。

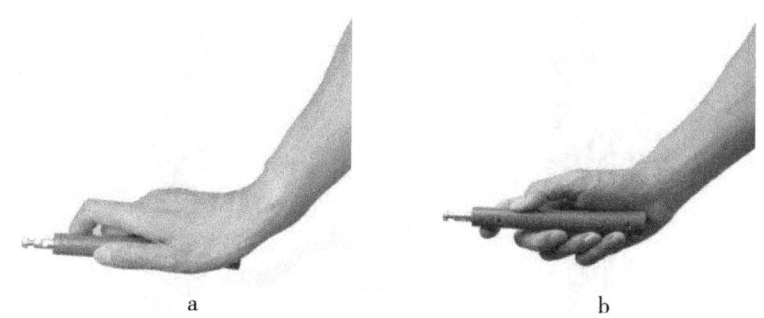

图 2-3　手部握绳姿势

（二）绳长调节

双手分别握住两个绳柄，直立，用一只脚的中间部位踩住绳体的中段，双手将绳柄向中间靠拢并向上拉起至同一水平面，不计算绳柄长度，以绳端不过腋下较为宜，肚脐上方一拳位置最佳。初学者可使用较长的绳子，待熟练后再据训练要求调短绳子的长度。

（三）摇绳姿势

单摇跳摇绳姿势动作示范如图 2-4 所示。上身直立，目视前方，不可后仰。上臂的位置自然贴于身体两侧，但不需故意用力贴紧，否则会导致上半身过度紧张。摇绳时手心朝前下方，手腕带动前臂摇绳，以手腕发力为主，使摇绳更具灵活性与稳定性（见图 2-4a）。前臂微微前伸，从侧面看，手臂在身体至身体前方（见图 2-4b）。摇绳时两侧手需对称等高，保证两侧用力均衡，使绳在过头和过脚时呈现两侧对称的饱满弧度。

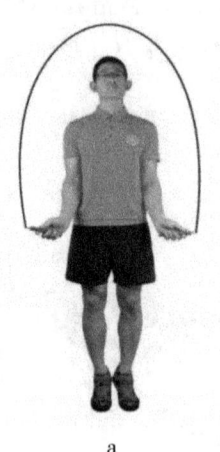

图2-4　单摇跳摇绳姿势动作示范

（四）跳绳姿势

起跳时应向上蹬腿发力起跳腾空，以绳能快速顺利通过脚下为标准，起跳腾空高度不宜过高，发力起跳时小腿不可向后弯曲折叠或向前踢脚，这两种常见错误动作会影响落地缓冲效果，增加踝关节、膝关节受伤的概率。落地时，前脚掌着地，膝盖微曲以增加缓冲、保护关节。跳动时尽量保持上半身相对稳定，不可前后左右晃动，保证摇绳的双手位置相对稳定，从而减少卡绳。单摇跳腿部姿势示范如图2-5所示。单摇跳腿部提膝抬腿为正确姿势（见图2-5a）、前踢腿和后踢腿为错误姿势（见图2-5b、图2-5c）。

初学跳绳，基本跳绳姿势包括并脚跳和轮换跳。并脚跳和轮换跳的腿部动作技术要点如下。

图 2-5 单摇跳腿部姿势示范

1. 并脚跳

并脚跳示范如图 2-6 所示。每跳一次，双脚同时完成起跳和落地动作，两脚前后稍微错开半个脚掌的距离，避免落地时左右膝盖相互抵在一起，互相干扰。起跳高度以 3～10 厘米为宜，起跳高度越低，跳得越快，但更容易卡绳，跳绳者可根据自身情况和需要自行调整。

图 2-6 并脚跳示范

2. 轮换跳

轮换跳示范如图2-7所示。轮换跳时腿部动作应类似于高抬腿或踩单车，大腿和膝盖带动小腿向上发力抬起。注意避免小腿前伸或者后踢，因为不正确的动作不仅影响落地缓冲效果，而且，长久的错误动作还会带来踝关节和膝关节的疼痛与损伤。两脚不需错开半个脚掌的距离，应保持两腿轮换时踩下的位置对称（图2-7a），有节奏地轮流抬腿跳动，使双脚在空中轮换时过绳（图2-7b）。熟练后尝试保持上半身稳定，即仅腿部轮换跳而上半身高度及位置保持基本不变，摇绳时手部以身体中心线为标准，两手左右对称伸展，也基本保持在同一位置上，使摇绳稳定。高速轮换跳时，身体以髋关节为轴点前倾（不能弓腰驼背），降低身体高度，缩短绳长，在稳定的基础上加快跳绳速度。

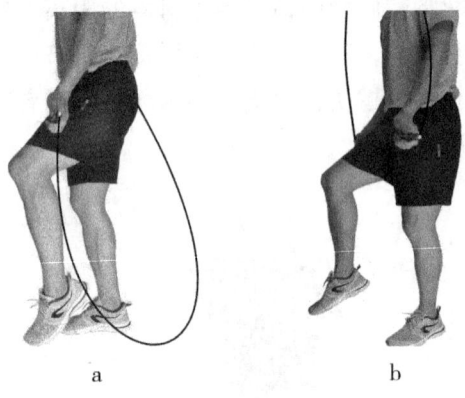

图2-7 轮换跳示范

二、动作要领

单摇跳的基本动作要领包括以下四点。

（1）上半身保持相对稳定。

（2）两侧手等高对称。

（3）摇绳弧度对称。若不对称，则为两侧摇绳用力不均，偏向侧用力较大。初练习者多见于左手。在速跳时用力不均会导致绳子打卷及卡绳。可单独训练用力不足侧的手腕及手臂力量。

（4）保持过程顺畅。如容易卡绳，可通过增加核心力量保持摇、跳动作的稳定性。同时，跟随节拍加强节奏耐力练习，熟能生巧。

三、训练方法

单摇跳是所有跳绳姿势的基础，保持正确的跳绳姿势对于进阶练习其他跳法至关重要，所以，需要运用正确的方法进行一系列针对性的练习。

（一）初学练习方法

初学跳绳时，可先将手部动作和腿部动作分开单独练习，待手部动作和腿部动作规范且熟练后再做整体练习。

1. 手部动作

在网上购买摇绳球（见图2-8），或将绳两次对折后打结，一只手同时抓住两个手柄，根据上述动作要领模拟摇绳时的动作。动作正确熟练时，绳体会形成一定的弧度并在身体两侧做圆周运动。每次练习，两只手轮换进行。还可下载节拍器软件（见图2-9）进行此项练习，根据自己的跳绳速度选择合适的节拍频率，跟着节拍摇绳。对于相对力量不足的手臂可加强该手的练习，使

图2-8 摇绳球

摇绳时两侧用力均衡。

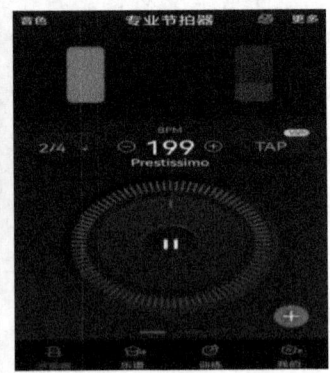

图2-9 节拍器软件

2. 腿部动作

双手不持绳，根据上述要点仅做起跳的动作，在这一过程中，练习者可通过自我感受、对着镜子自察或他人的提醒来保证姿势正确。此外，练习者还可以对节拍器设置适宜的节拍频率，进行抬腿踩节拍练习。

3. 整体练习

尽力协调手脚的配合，保证姿势正确，以追求动作的准确和手脚的协调为目标进行练习。

（二）进阶练习方法

1. 保持动作稳定的练习方法

（1）定量目标法。可根据自身情况给自己定下不断绳的目标，连续跳够一定的数量。例如：连续跳200次不断绳、400次不断绳、600次不断绳、800次不断绳，以此类推。注意：保证姿势正确，不追求速度而应尽量保持动作稳定。

（2）变速跳训练法。尽自己最大的努力把跳绳速度提高到极限，保持5秒左右，再放慢速度跳5秒，再次加速保持极限速度5秒，以此方式循环，练习3～5次，每次练习1分钟。

2. 提高动作速度的练习方法

（1）节拍器练习法。根据自身情况选择合适的节拍（如自身极限速度的节拍），跟着节拍先进行3组1分钟的踏脚踩节拍练习。然后根据节拍进行3组1分钟的摇绳练习。最后根据节拍进行3组动作完整的跳绳练习。

（2）123456法。以10～60秒为1组进行练习。先跳10秒，间歇10秒，然后跳20秒，间歇20秒，再依次跳30秒、40秒、50秒，依次类推，最后跳60秒，结束1组练习。练习的过程中应尽自己所能保持最快的速度，从而达到训练效果。每次练习可跳3组。

（3）模拟考试法。以60秒单摇跳为例，假设自己处于跳绳考试/比赛现场状态，在60秒内尽自己所能全力完成一次练习，每次可练习3组以上。此练习法主要训练练习者对时间长度的感受，学会合理分配体力。

（4）加时法。可以针对即将参加的考试/比赛进行练习。以60秒单摇跳项目为例，练习时可将时间设置为70秒，目的是通过加时练习，提高耐力的同时提高在60秒内完成单摇跳的速度。

3. 提高耐力的练习

（1）加强核心力量。例如深蹲、卷腹等。

（2）超长时间训练法。在保持正常速度的情况下进行长时间连续跳绳，如10分钟、20分钟、30分钟单摇跳等。也可搭配自己喜欢的音乐，跳够2～3首歌的时长，改善训练时的疲劳状态。

大学生健身跳绳理论与实践

第三节 双摇跳

一、动作方法

双摇跳是指跳绳者在一次跳跃时绳子经过头顶绕过脚下两周（720°）。比赛项目主要有连续双摇跳和 30 秒双摇跳。

（一）连续双摇跳

连续双摇跳是在连续单摇跳的基础上，每次跳跃时摇绳环绕身体两周。计数方法：当跳绳者跳出第一个双摇跳时开始计数，且当出现断绳或者单摇时停止计数；计数不受时间限制，最终计数个数多者获胜。

（二）30 秒双摇跳

30 秒双摇跳是指在限时 30 秒内，计算跳绳者跳出所有成功的双摇跳的次数，断绳后可重新起跳。计数方法：最终计完成次数多者获胜；且每次断绳计一次失误，当两位跳绳者的双摇计数个数相同时，失误次数少者获胜。

二、动作要领

（一）保证有一定的身体素质和协调性

进行训练时，可以将手部动作和跳跃动作进行分解练习；完整练习初期，速度可以放慢；进行起跳、腾空和摇绳动作练习时，动作配合要协调一致，有节奏地完成跳绳动作。

（二）选择长度合适的跳绳

跳绳越长，手腕需要使用的力量就越大，跳绳绕圈的时间也会相应地延长，则练习者在跳跃时很难完成双摇中的摇绳动作。如果跳绳太短，则又会导致跳绳在绕圈时因触碰到跳绳者的头顶、足侧或者身体其他部位而断绳。建议初学者使用较长的绳子，在提升速度后，随着水平的提高，逐渐调整绳长，最终找到适合自己的长度。

（三）身体动作规范

1. 初学者练习

起跳时依靠身体核心力量，稳定上身，微微弯曲膝盖，前脚掌发力。注意事项：跳跃腾空的时候双腿自然伸直，而不是蜷曲小腿，否则，多余的动作会使整个动作无法连贯，影响整体的协调性；落地时膝盖稍弯曲以缓冲减震；起跳时，尽量让髋、膝、踝关节充分收紧，跳动时只用前脚掌的弹力将身体快速弹起，各关节的伸展要降到最低限度；严禁做出收小腿动作。

2. 有一定双摇基础者的练习

双摇跳示范如图2-10所示。若要提高速度及稳定性，可以在腾起后身体积极下坠（见图2-10a）。一来可提高落地速度，加快弹跳频率，达到提速的目标；二来跳起时可降低高度，减少每次跳动用时，加快频率，且保证每次跳绳过脚时能打地（见图2-10b），以减少跳绳挂脚造成失误的次数，提高跳绳成绩。

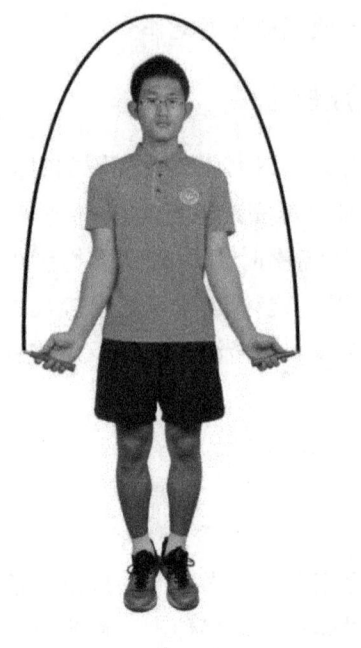
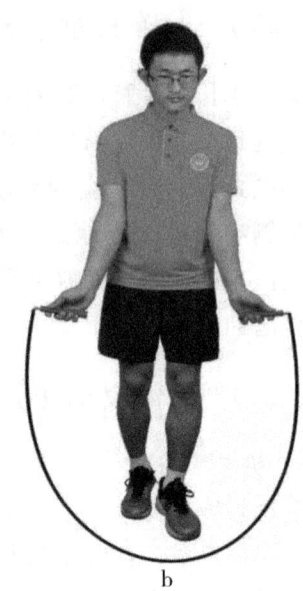

图2-10 双摇跳示范

（四）手部摇绳动作规范

双摇跳手部摇绳示范如图2-11所示。跳绳者手持跳绳摇动时应该主要以手腕发力，而不是以小臂手肘或是大臂发力。摇绳时动作规范要求两臂自然下垂至体侧，大臂自然贴近身体，手腕带动小臂内旋，虎口向外稍微挑起。可以将发力点视为圆心，转动半径越长，力传达的时间也就越长。所以，要达到绳子连续绕过身体两周的动作要求，需要以手腕发力。这种方法的优点在于，当练习者两手处于身高的中心点偏下时，能将绳缩至最短，转动半径最小，不但省力，还能加快跳绳速度；而且手腕转动幅度小，提高了稳定性和持久力。

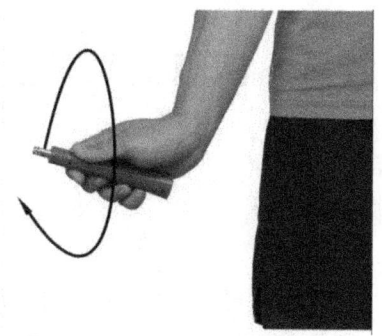

图2-11 双摇跳手部摇绳示范

三、训练方法

(一) 节奏感训练

双摇跳相较于单摇跳，对节奏的要求更高，所以，在训练时需要多对节奏感进行训练。由于双摇需要以手腕集中发力来使跳绳在短时间内（一次跳跃）绕过身体两周，所以，手部摇绳时需要有一定的节奏，大致为1-2—1-2—1-2（"1""2"表示摇绳的圈数），在每两次集中摇绳间有一定的时间间隙。然后就是起跳的节奏与手部摇绳大致相同，但较摇绳稍慢，即先摇绳再起跳；随着速度的加快，可以逐渐同步。

(二) 体能训练

双摇跳因为跳得更高、摇绳更快，需要更大的体能消耗，所以，练习者要有一定的体能基础。可以在跳绳之前，做几组开合跳、弓步跳等体能训练。

第四节　间隔交叉单摇跳

一、动作方法

间隔交叉单摇跳是指队员双手持绳，每起跳一次，绳体越过头顶并高过脚下绕身体两周（720°），第一周交叉过身，第二周直摇过身，称作间隔交叉单摇跳。间隔交叉单摇跳就是在普通单摇跳的基础上增添了双手交叉的动作，要求跳绳者更具协调性。练习交叉单摇跳时，跳绳者双手摇绳，在绳体第一次过脚前时，双手于体前交叉过绳，而在绳第二次过脚前时，交叉的双手打开，恢复普通单摇动作过绳。跳绳者在跳交叉单摇跳时，选择并脚或交替脚过绳均可。

二、动作要领

双手于体前交叉过绳时，双手位于身体中线两侧对于维持绳子的正常形态十分重要；同时，双手的高度应保持一致，距身体的距离也应保持基本相同。双手交叉及双手打开的时机，以绳子越过头顶为宜。间隔交叉单摇跳全程须保持手臂贴近身体，而且需要通过大量的练习以提高双手动作的一致性与手脚的协调性。

三、训练方法

1. 不起跳摇绳法

初学者可先从不起跳的摇绳开始，双手摇绳，在越过头顶时，前臂或者手腕交叉，尽量使双手交叉后位于身体中线两侧，在肚脐下方为最佳。待绳落至脚前时，用双脚前脚掌踩住绳子为最佳。摇动绳体时，注意观察双手位置是否对称。重复练习3～5组，每组10次。

2. 手脚配合练习法

熟练摇绳后，加上脚步动作，在绳将要过脚时起跳，绳越过头顶时打开双手，绳子再一次过脚时单脚踩住绳，重复3～5组，每组10次。

3. 不间断交叉单摇跳练习法

间隔交叉单摇跳示范如图2-12所示。手脚配合熟练后，应进行不间断的交叉单摇跳练习。在第三次绳越过头顶后，双手交叉，连续完成前述过脚练习。初学者可先并脚跳过绳（见图2-12a），待动作熟练且稳定后，尝试交替脚过绳；对于手上的交叉，初学者可选择前臂交叉于体前（见图2-12b），待熟练后，尝试手腕处交叉，运用手腕的活动交叉绳柄以获得更快的速度。

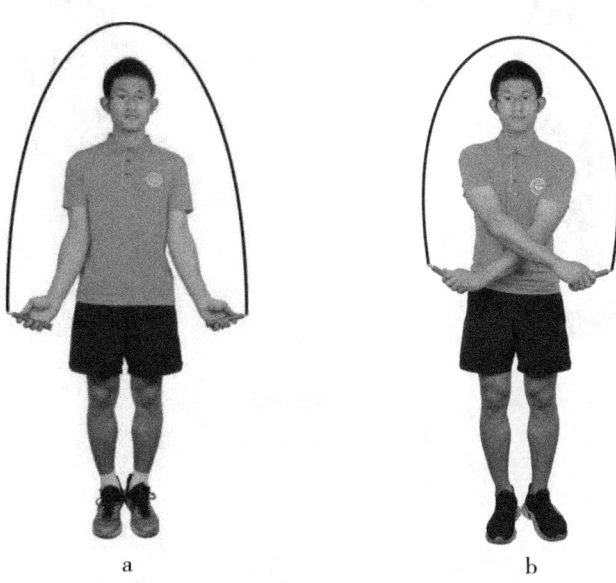

图2-12　间隔交叉单摇跳示范

大学生健身跳绳理论与实践

第五节 双人一带一

一、动作方法

双人一带一示范如图2-13所示。此项目为A带B的双人跳绳项目，要求被带人面对（见图2-13a）或背对（见图2-13b）摇绳人站立，摇绳人两手各握住绳的一端，将绳放于脚后的位置。待裁判员发出比赛口令之后，摇绳人随即向前摇绳，两人同时并脚跳或者换脚跳起，绳从两人脚下依次摇过。以此类推，连续跳多次。

a

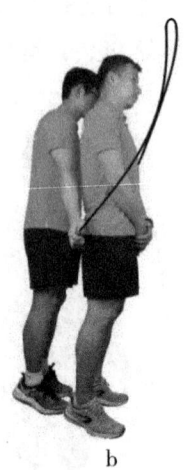
b

图2-13 双人一带一示范

二、动作要领

（一）节奏

双人项目最讲究的技巧就是两个人在跳绳时要尽量保持相同的节奏，当绳子从脚下经过的时候，只有两个人同时起跳而处于腾空的状态，才能够让绳子一次性从两人的脚下顺利绕过，这样才算成功。

（二）摇绳动作

绳子向前摇时，摇绳人的大臂靠近两人身体两侧，肘向前屈曲，前臂前伸，用手腕发力，使两手在体侧做画圆动作。摇绳人每摇动绳体一次，绳子从地面经身后回旋一周。

（三）绳子长度

摇绳人的两手分别握住绳柄末端，通常情况下以一脚踩住绳子中间，两臂屈肘将小臂抬平，绳子被拉直即为适合的长度。

（四）双方距离

一般来说，双方的距离不宜太近，也不宜太远，太近很容易影响摇绳人的摇绳动作，或起跳时两人身体发生碰撞；太远则被带人容易绊到脚下的绳。一般可由被带人双手扶住摇绳人的髋关节，此方法既可使双方保持适宜的距离，也可避免摇绳人在摇绳过程中出现位置偏移的情况，同时对保持双方节奏一致也有一定的帮助。

三、训练方法

对于刚刚接触双人项目的新人而言，一定要循序渐进地练习，从最基础的单人跳绳开始，动作从慢到快，由易到难。不论是摇绳人还是被带人，都应先熟练掌握单人跳绳的各种动作，然后再练习较复杂的双人跳绳动作。

（一）节奏训练

双方在刚开始练习时，不用着急上手，可以不用绳子，先练习同步跳绳的动作——起跳和落地，确保两个人能够把最基本的跳绳动作熟练掌握；然后使用节拍器作为辅助，让双方逐步适应同样的节拍，并逐渐加快节拍频率，直到在双方都能够接受的范围内。

（二）摇绳训练

因为一带一是双人运动项目，所以坚持整场比赛对于队员体力的消耗是非常大的，这就要求队员有一定的体能储备。练习摇绳时，摇绳人的双手可以分别握住一根绳子，跟随节拍器的节奏空摇手中的绳子，坚持一段时间（可以自己选择1分钟或者2分钟时长），进行不间断练习，这对于提升手臂的力量和耐力有很大的帮助。至于体能的锻炼，我们可以采取长跑的方式。长跑这项有氧运动，既可以提高我们身体的协调力，也能增强我们的体力，是很好的辅助锻炼的手段。

四、其他要点

跳绳时应该用前脚掌起跳和落地，切记不可用全脚或脚跟落地，以免脑部受到震荡。当跃起在空中时，不要过度弯曲身体，造成两人互相干扰，以致身体产生碰撞。在跳绳的过程中，呼吸要自然有节奏。

第六节 多人长绳"8"字跳

一、动作方法

多人长绳"8"字跳是在长绳单跳的基础上，多人排成一路纵队从长绳一端进入绳弧中部，并跳跃一次越过绳弧，继而绕过对面摇绳队员身后，在绳的另一侧再次排成一路纵队，然后依次越过绳弧，并从起始端摇绳队员身后回到起点，如此循环进行，使每名跳绳队员的跑动路线呈"8"字形。从跳绳队员上方看"8"字绳内跳绳队员的运动方向如图2-14所示。

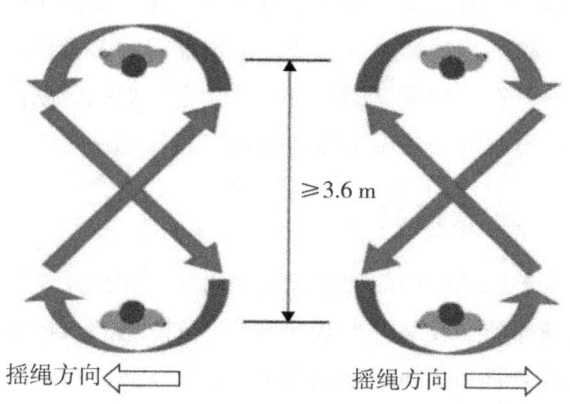

图2-14 多人长绳"8"字跳示意

大学生健身跳绳理论与实践

二、动作要领

(1) 开始前,跳绳队员在绳弧下落一侧的摇绳者身旁向后排成一路纵队。

(2) 每名跳绳队员的起跳点应该在两个摇绳队员中间点向前一小步的位置。

(3) 跳绳队员过绳时,收小腿向前跳,并在落地后快速跑出。

三、训练方法

(一) 摇绳要点

应选身材较高的、臂力较好的两名队员摇绳;两名摇绳队员面对面站立,主要用小臂摇动长绳。两名摇绳的队员各直臂分握绳体的一端,以肩为轴,伸直摇绳手臂,在体前用小臂画圆,使绳形成一个椭圆,连续进行摇绳;两位摇绳的队员摇绳需要相互配合,统一节奏,确保摇绳有力,并学会根据临时状况救绳,也就是把跳点不对的队员用甩绳的技巧"挽"进去。

(二) 跳长绳要点

摇绳队员跳绳要用前脚掌起跳和落地,切忌用全脚或脚跟落地,以免脑部受到震荡。当跃起在空中时,身体自然弯曲即可,过度弯曲则会影响跳绳速度的提高、运动时的协调性以及美感。跳跃时,呼吸要自然有节奏。在摇绳的队员摇绳时,跳绳的队员可以先观察绳体落地的节奏,待熟悉摇绳的队员摇绳节奏后就可以开始跳绳。

1. 起跳的位置

最佳的起跳位置应是在过中间点靠近正前方摇绳队员左肩的位置，在起跳的同时就应有准备好向前撤出的意识，起跳落地后迅速撤出。

2. 跑进绳的时机

（1）顺进。当绳在下面时，顺势跑进椭圆进行跳绳。

（2）逆进。当绳在上面时，学生可跑进椭圆进行跳绳。

3. 跳绳节奏

跳绳的队员仔细观察摇绳队员摇绳的节奏，当摇绳队员的手臂摇至接近椭圆最低点时，跳绳队员迅速跳起。在跳绳节奏练习初期，摇绳队员可适度放慢摇绳的速度。

4. 出绳的时机

当跳过绳后，绳恰在头上，跳绳的队员迅速向异侧沿直线跑出绳。

（三）练习步骤

（1）进行跑路线的练习。绕"8"字，注意站位，依次跟上。

（2）练习跑入的动作。熟练顺进后练习逆进。

（3）练习跳起的动作。用前脚掌起跳和落地，单脚起跳。

（4）练习跑出的动作。跳起落地后迅速沿直线跑出。

通过以上步骤循序渐进地分步练习长绳"8"字跳，队员既克服了害怕的心理，又掌握了技术要领。

为了能在单位时间内增加跳绳的数量，多人长绳"8"字跳练习主要采用跑跳的方式进行，这时一定要把握进入的时机，第一个队员在绳子落地的一瞬间进入，完成跳跃动作，第二个队员要在第一个队员完成动作的一瞬间进入，这样依次进行。只有在掌握了动作技术特点后多加练习，才能提高水平。

四、其他要点

（1）穿着适当的服装。跳绳时，最好穿运动服或轻便服装，穿软底布鞋或运动鞋，这样活动起来会使人感到轻松舒适，也不容易受伤。

（2）充分做好准备运动。多人长绳是一项比较激烈的运动，练习前一定要做好身体各部位的准备运动。

（3）注意学会自我保护。例如，起跳时，可用双手抱住头部，起到保护头部的作用；被绳绊倒时，尽量选择向前滚翻的姿势，以减小受伤的程度。

第三章 花式跳绳技术与训练方法

第一节 花式跳绳初级训练技术

一、个人绳步伐技术的动作与训练

（一）并脚跳

1. 动作方法

并脚跳示范如图3-1所示。基本准备姿势：身体直立，双脚并拢，两臂自然弯曲，肩膀自然放松，绳子置于身体后方。双腿微微弯曲，由小臂带动手腕摇绳柄，将绳子由后向前摇动（见图3-1a），当绳体摇至脚下打地的瞬间，并脚起跳跃过绳子，起跳高度3~5厘米，完成并脚跳（见图3-1b）。

a

b

图3-1 并脚跳示范

2. 动作要领

手臂自然下垂，掌心朝前，手腕向前匀速画圆，立直躯干，目视前方，双脚并拢，起跳过绳子后前脚掌落地，膝盖微弯以增加缓冲、保护关节。

3. 重点与难点

大臂自然放松，肘关节屈伸抖动手腕摇绳，注意起跳与绳子打地的时机要吻合。

4. 易犯错误与纠正方法

（1）大臂、小臂画圆，手腕不用力，手心朝上。

纠正方法：大臂下夹着一张纸，单手持绳进行原地摇绳练习。

（2）跳得太高，导致摇绳与起跳节奏不一致。

纠正方法：使用节拍器，原地进行徒手踮脚跳跃练习和原地摇绳练习。

5. 练习方法提示

（1）徒手练习。双手叉腰，双脚并拢，原地起跳，一拍一跳，连续练习。

（2）单手摇绳。配合手脚动作，一摇一跳，有节奏地进行练习。

（3）双手摇绳。手腕、膝盖自然放松，手脚协调一致，踝关节与膝关节富有弹性，前脚掌着地，进行完整的动作练习。

（二）开合跳

1. 动作方法

开合跳示范如图3-2所示。基本准备姿势：身体直立，双脚并拢，两臂自然弯曲，肩膀自然放松，绳子置于身体后方。两手持绳向前摇，第一拍，当绳子过脚置于空中时，两脚跳跃分开，膝盖呈微弯曲状态（见图3-2a）；当第二拍绳子快打地时，两脚合并跳跃过绳（见图3－2b），一拍一动，完成开合跳。

图3－2　开合跳示范

2. 动作要领

在绳子过脚后，两脚分开；当绳子快打地时，两脚合并。手臂保持基本摇绳姿势，两脚分开与肩同宽或略宽于肩。

3. 重点与难点

把握开合跳跃与摇绳打地的时机，当绳体摇至体前，打地，同时起跳。

4. 易犯错误与纠正方法

绳子没有过脚，两脚分开，或脚分开太大，导致错失并脚时机。

纠正方法：注意两脚分开的时机，使用两拍一动节奏进行练习。

5. 练习方法提示

（1）徒手练习。双手叉腰，原地两脚跳跃分开，膝盖稍弯，两脚合并向上跳，一拍一动，完成开合跳。

（2）单手摇绳。配合脚部跳跃动作，协调练习。

（3）双手摇绳。踝关节、膝关节注意自然放松，做到前脚掌着地，加入完整动作进行练习。

（三）并脚左右跳

1. 动作方法

并脚左右跳示范如图3-3所示。基本准备姿势：身体直立，双脚并拢，两臂自然弯曲，肩膀自然放松，绳子置于身体后方。两手持绳向前摇，同时双脚并拢，屈膝起跳，向右跳过绳子（见图3-3a），继续摇绳过脚，向左跳过绳子（见图3-3b），一拍一动，完成并脚左右跳。

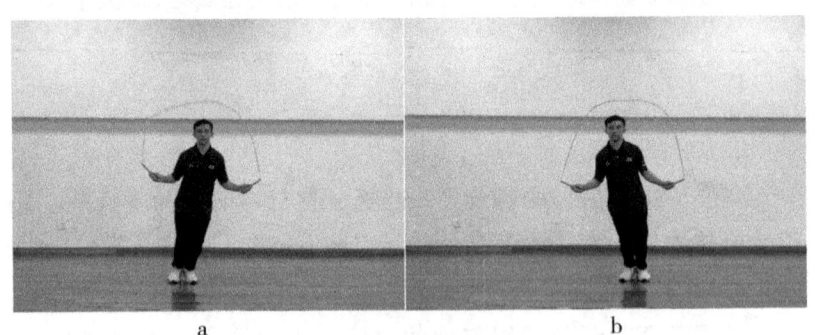

图3-3 并脚左右跳

2. 动作要领

并脚左右跳时双脚并拢，左右跳的幅度控制在一个身位的大小。左右跳动时，应注意前脚掌着地，后脚跟不着地，以及膝盖保持弯曲。

3. 重点与难点

把握开合跳跃与摇绳打地的时机，在绳体摇至体前打地的同时起跳。

4. 易犯错误与纠正方法

绳子没有过脚，提前向左跳，或落地后全脚掌落地，导致起跳慢，起跳时机不对。

纠正方法：注意摇绳过脚向左跳的时机，进行前脚掌落地练习。

5. 练习方法提示

（1）徒手练习。双手叉腰，双脚并拢依次向左、向右连续跳，一拍一动，完成并脚左右跳。

（2）单手摇绳。手与脚配合同时练习，手与脚的节奏应做到一摇一跳，一左一右。

（3）双手摇绳。踝关节与膝关节自然放松，控制好节奏与时机，做到前脚掌着地，进行完整动作练习。

（四）弓步跳

1. 动作方法

弓步跳示范如图 3-4 所示。基本准备姿势：身体直立，双脚并拢，两臂自然弯曲，肩膀自然放松，绳子置于身体后方。双手持绳向前摇绳，同时双脚原地起跳跳过绳，双脚前后打开（左脚在前，右脚在后）落地（见图 3-4a），摇绳起跳过绳，双脚并拢落地（见图 3-4b）；摇绳起跳过绳，双脚前后交换（左脚在后，右脚在前）落地（见图 3-4c），再继续摇绳，起跳过绳，双脚并拢落地（见图 3-4d），完成弓步跳。

2. 动作要领

两腿前弓后绷，前脚掌着地，身体直立，眼睛平视前方。

a　　　　　　　　　　　　b

图3-4 弓步跳示范

3. 重点与难点

把握弓步跳与摇绳打地的时机。

4. 易犯错误与纠正方法

绳子没过脚，提前将脚打开做弓步。

纠正方法：注意摇绳过脚的时机，练习单手持绳练习和弓步跳。

5. 练习方法提示

（1）将绳子平行摆放在地上，比肩略宽，呈一个横"U"形，徒手练习弓步跳。

（2）将绳子平行摆放在地上，比肩略宽，呈像一个横"U"形，单手持绳练习弓步跳。

（3）练习完整动作。

（五）双脚交换跳

1. 动作方法

双脚交换跳示范如图3-5所示。基本准备姿势：身体直立，双脚并拢，两臂自然弯曲，肩膀自然放松，将绳子置于身体后方。双手持绳向前摇绳，同时提左膝抬腿，右腿支撑落地（见图3-5a），继续摇绳，右腿提膝，左脚支持落地（见图3-5b），左右脚持续交替跳，完成双脚交换跳。

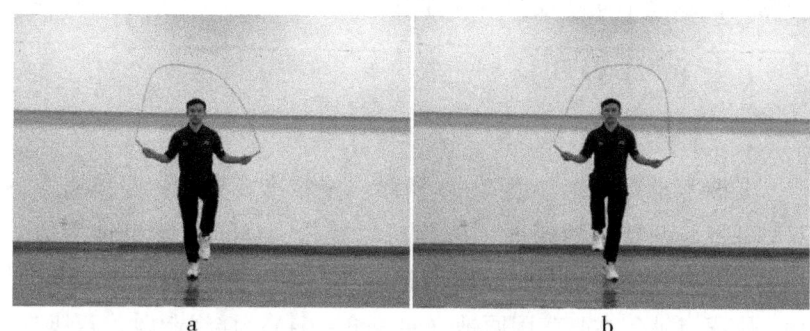

图 3-5　双脚交换跳示范

2. 动作要领

提膝抬腿，膝关节自然下垂，前脚掌着地，双脚交换跳动，身体直立，眼睛平视前方，手腕柔和摇绳。

3. 重点与难点

把握双脚交换跳与摇绳打地的时机，当绳体摇至体前，打地同时起跳，双脚交换跳跃。

4. 易犯错误与纠正方法

绳子没过脚，钩脚踝。

纠正方法：注意摇绳过脚的时机，练习单手持绳双脚交换跳，注意脚踝放松。

5. 练习方法提示

（1）腿部练习。双手叉腰，提左膝时落右腿，提右膝落左腿，两腿持续交替，进行反复练习。

（2）徒手练习。双臂张开，双腿并拢，双手模拟摇绳动作，配合腿部交替动作，协调，统一练习。

（3）双手摇绳。手握绳柄，两臂微曲，将绳置于脚后跟处准备。起跳时，手腕带动绳柄由后向前发力，在绳由脚后跟跨过头部至脚前方的同时，右脚微微抬起，左脚尖起跳，跳过后换另一侧脚，以此不间断地重复动作练习。

（六）勾脚点地跳

1. 动作方法

勾脚点地跳示范如图3-6所示。基本准备姿势：身体直立，双脚并拢，两臂自然弯曲，肩膀自然放松，绳子置于身体后方。双手持绳向前摇绳，同时双脚原地起跳过绳，左脚向前伸出并勾脚，脚跟点地，右脚落回原地（见图3-6a），摇绳起跳，双脚在空中并拢过绳落地（见图3-6b）；双脚原地起跳过绳，右脚向前伸出并勾脚，脚跟点地，左脚落回原地（见图3-6c），摇绳起跳，双脚在空中并拢过绳落地（见图3-6d），完成勾脚点地跳。

图3-6 勾脚点地跳示范

2. 动作要领

支撑腿微曲，另一腿向前伸直勾脚尖、脚跟点地，身体直立，眼睛平视前方。

3. 重点与难点

脚跟点地，膝盖伸直，把握弓步跳与摇绳打地的时机。当绳体摇至体前打地，同时起跳。

4. 易犯错误与纠正方法

绳子没过脚导致失误，支撑腿没有微曲，导致动作僵硬不美观。

纠正方法：注意摇绳过脚的时机，练习徒手勾脚点地跳，练习时注意膝盖保持微曲。

5. 练习方法提示

（1）徒手勾脚点地跳，支撑腿微曲，另一腿向前伸直，勾脚尖，脚跟点地，双脚轮换跳动。

（2）单手持绳做勾脚点地跳。

（3）练习完整动作。

（4）跟随音乐节奏练习完整动作。

（七）钟摆跳

1. 动作方法

钟摆跳示范如图3-7所示。基本准备姿势：身体直立，双脚并拢，肩膀自然放松，绳子置于身体后方。两手持绳向前摇，当绳子过脚置于空中时，一条腿向外摆做钟摆动作，支撑脚伸直原地起跳，在空中伸直（见图3-7a）。再次跳跃时，两脚收回过绳，同时换另一条腿做钟摆动作（见图3-7b），两脚交替完成。

2. 动作要领

手臂保持基本摇绳姿势，做钟摆动作时腿外摆45°以上，重

　　　　　　a　　　　　　　　　　　　b

图 3-7　钟摆跳示范

心在支撑脚上。

3. 重点与难点

把握钟摆跳与摇绳打地的时机，钟摆幅度到位；每起跳一次，绳子都成功过脚。

4. 易犯错误与纠正方法

（1）钟摆幅度不明显。

纠正方法：原地徒手练习钟摆跳。

（2）掌握不好两脚交换时机。

纠正方法：单手持绳进行原地跳跃练习，明确动作节奏。

5. 练习方法提示

（1）徒手练习。双手叉腰，一侧腿直立起跳，另一侧腿伸直向侧面打开，一拍一动，相互交替练习。

（2）单手摇绳。一只手摇绳，有节奏地加入腿部动作，练习手脚协调配合。

（3）双手摇绳。进行完整动作的练习。

（八）踏步跳

1. 动作方法

踏步跳示范如图 3-8 所示。基本准备姿势：身体直立，双脚并拢，两臂自然弯曲，肩膀自然放松，绳子置于身体后方。从基本准备姿势开始，两手持绳向前摇（见图3-8a），当绳子过脚置于空中时，一条腿脚尖点地，支撑脚原地起跳，在空中伸直（见图3-8b）。再次跳跃时（见图3-8c），换另一条腿脚尖点地（见图3-8d），两脚交替，重复踏步动作。

图3-8 踏步跳示范

2. 动作要领

手臂保持基本摇绳姿势，踏步时两腿并拢轻松跳跃，重心在支撑脚上。

3. 重点与难点

踏步时动作轻松愉快；脚尖交替点地，两脚先后落地；每跳起一次，绳子都过脚。

4. 易犯错误与纠正方法

（1）踏步节奏不明显。

纠正方法：练习原地徒手踏步跳。

（2）掌握不好两脚交换的时机。

纠正方法：单手持绳进行原地跳跃练习，明确动作节奏。

5. 练习方法提示

（1）徒手练习。双手叉腰，双脚脚尖交替点地，左右脚交替进行原地踏步练习。

（2）单手摇绳。一只手摇绳，配合踏步动作协调练习。

（3）双手摇绳。加入完整动作进行练习。

（九）吸腿跳

1. 动作方法

吸腿跳示范如图3-9所示。基本准备姿势：身体直立，双脚并拢，两臂自然弯曲，肩膀自然放松，绳子置于身体后方。两手持绳向前摇，当绳子过脚置于空中时，一条腿做提膝动作，支撑脚伸直原地起跳，再次跳跃时，两脚并拢做并脚跳，换另一条腿做提膝动作。两脚交替完成。以一个8拍为例，第1拍左脚提膝，脚背绷直，右脚单脚跳跃过绳（见图3-9a）。第2拍左脚还原，并脚落地，跃过绳子（见图3-9b）。第3拍右脚提膝，脚背绷直，左脚单脚跳跃过绳（见图3-9c）。第4拍右脚还原，并脚落地，跃过绳子（见图3-9d）。第5—8拍重复以上动作。

2. 动作要领

手臂保持基本摇绳姿势，提膝时大腿与地面平行，大腿与小腿成直角，重心在支撑脚上。

3. 重点与难点

提膝幅度到位，脚背蹦绷直；每跳起一次，绳子都过脚。

4. 易犯错误与纠正方法

（1）抬脚幅度过低。

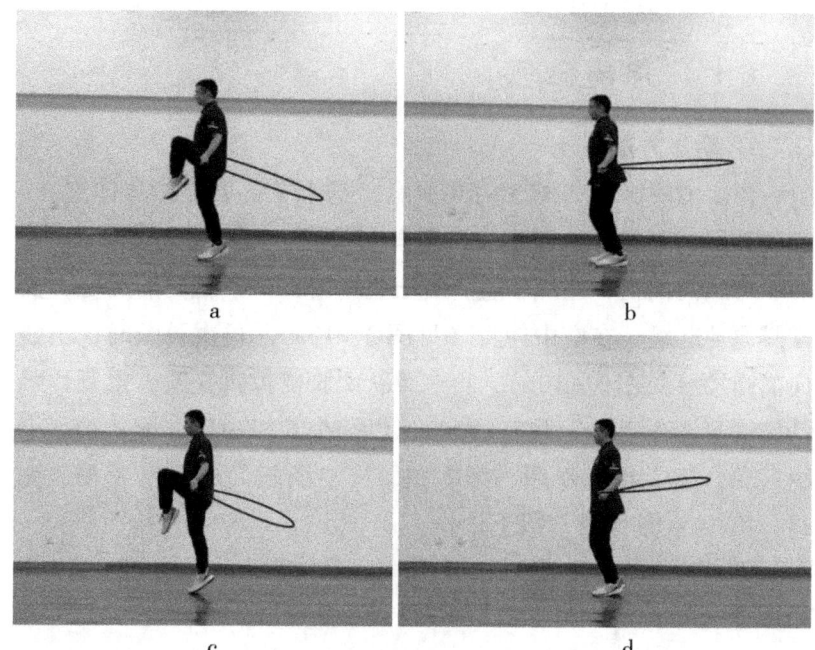

图3-9 吸腿跳示范

纠正方法：原地徒手做抬腿练习。

（2）把握不好并脚跳落地的时机，容易出现两拍一跳的动作。

纠正方法：单手持绳进行原地跳跃练习，明确动作节奏。

5. 练习方法提示

（1）徒手练习。双手叉腰，一侧脚提膝与身体呈90°角，另一侧脚直立跳起，依次进行腿部动作交换，一拍一动，有节奏地进行练习。

（2）单手摇绳。一只手摇绳，配合提膝动作，手与脚的节奏做到一摇一跳，一踢一跳。

（3）双手摇绳。控制好节奏与绳过脚的时机，做到前脚掌着地，进行完整动作的练习。

（十）弹踢腿跳

1. 动作方法

弹踢腿跳示范如图 3-10 所示。基本准备姿势：身体直立，双脚并拢，两臂自然弯曲，肩膀自然放松，绳子置于身体后方。两手持绳向前摇，当绳子过脚置于空中时，一条腿向后屈腿，支撑脚原地起跳，在空中伸直（见图 3-10a）。再次跳跃时，小腿向前弹踢（见图 3-10b），再次跳跃两脚支撑脚交换，重复弹踢动作（见图 3-10c、图3-10d）。以一个 8 拍为例，第 1 拍，小腿后屈，第 2 拍，弹踢，第 3 拍，换一条腿后屈，第 4 拍，弹踢，第 5—8 拍，重复以上动作。

图 3-10 弹踢腿跳示范

2. 动作要领

手臂保持基本摇绳姿势，后屈时，小腿向后折叠；弹踢时，脚尖绷直，小腿前踢，重心在支撑脚上。

3. 重点与难点

弹踢幅度到位，脚背绷直；每跳起一次，绳子都过脚。

4. 易犯错误与纠正方法

（1）屈腿、弹踢幅度过低。

纠正方法：练习原地徒手弹踢。

（2）掌握不好两脚交换的时机。

纠正方法：单手持绳进行原地跳跃练习，明确动作节奏。

5. 练习方法提示

（1）徒手练习。双手叉腰，脚部踝关节绷直，小腿向前方做弹踢动作，左右脚交替进行，一拍一动地完成弹踢腿跳。

（2）单手摇绳。一只手摇绳，配合腿部弹踢动作，踝关节与膝关节放松，力量聚集到脚尖。

（3）双手摇绳。加入完整动作，控制跳绳节奏及绳过脚的时机。

二、个人绳单摇技术的动作与训练

（一）左右侧甩

1. 动作方法

左右侧甩示范如图3-11所示。基本准备姿势：身体直立，双脚并拢，两臂自然弯曲，肩膀自然放松，绳子置于身体后方。第一步：将绳子置于身后，由后向前摇动绳子，当绳子摇至头顶，将绳子摇向身体左侧，左手手腕搭在右手手腕上，绳子打地的同时屈膝（见图3-11a）。第二步：继续由后向前摇动绳子，将绳子甩向身体右侧，左手手腕搭在右手手腕上，绳子打地的同时屈膝（见图3-11b）。

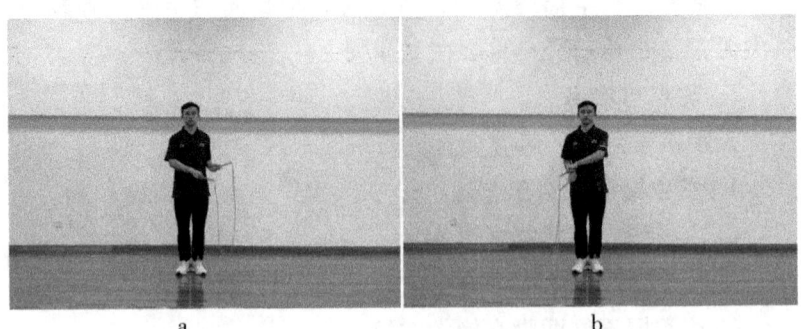

图3-11 左右侧甩示范

2. 动作要领

绳子摇向身体左右两侧时：左手始终在上，右手始终在下，绳子侧甩打地时微屈膝盖。

3. 重点与难点

小臂手腕用力，贴紧身体，绳子打地的同时膝盖微屈。

4. 易犯错误与纠正方法

两边侧甩打地时，绳子容易缠在一起。

纠正方法：两边侧甩打地时将手始终保持在同一水平线上，大臂、小臂自然放松，手腕用力画"8"字。

5. 练习方法提示

（1）徒手进行左右摇绳练习。

（2）拿绳进行单边摇绳练习。

（3）练习左右甩绳。

（4）练习完整动作。

（二）双手体前交叉跳

1. 动作方法

双手体前交叉跳示范如图3-12所示。基本准备姿势：身体直立,双脚并拢,两臂自然弯曲,肩膀自然放松,绳子置于身体后方。双手握住绳柄末端,绳体置于身后,将绳子由后向前摇动。当绳体第一次摇至头顶上方时,两手交叉,交叉点在小臂中点并紧贴腹部。在绳子打地的瞬间,并脚起跳,跃过绳子(见图3-12a),待绳子再次摇至头顶上方时,两手打开,在绳子再次打地的瞬间,并脚起跳,跃过绳子(见图3-12b)。

图3-12　双手体前交叉跳示范

2. 动作要领

大臂自然放松,小臂交叉,交叉点在小臂中点并紧贴腹部,手腕转动发力。落地时前脚掌着地,膝盖微屈缓冲。抬头挺胸,收腹立腰,眼睛注视前方。

3. 重点与难点

握住绳柄末端,手腕发力,小臂交叉,交叉点紧贴腹部;注意起跳与绳子打地的时机要吻合。

4. 易犯错误与纠正方法

(1)大臂交叉,手腕不用力,交叉点前伸,导致绳子打到脚。

纠正方法:原地徒手练习手臂交叉动作或两手各持一绳,练习手臂交叉动作,建立清晰的动作概念。

（2）跳得太高，导致摇绳与起跳节奏不一致。

纠正方法：使用音乐节拍，原地进行徒手跳跃练习后，再进行持绳练习。

5. 练习方法提示

（1）练习手部动作。两手交叉，两只手同时向两侧伸出，反复练习。

（2）练习腿部动作。两脚并拢，两眼注视前方，双手摇绳一次跳一下，掌握节奏感。

（3）练习完整动作。手脚动作同时配合，跳过第一次后，第二次把绳摇到身前的同时打开双手，连续重复练习。

（三）手臂缠绕

1. 动作方法

手臂缠绕示范如图 3-13 所示。基本准备姿势：身体直立，双脚并拢，两臂自然弯曲，肩膀自然放松，绳子置于身体后方。第 1 拍，两手握绳，由后向前摇动绳子，当绳子被摇至头顶，将绳子摇向身体右侧（见图 3-13a）；第 2 拍，双手保持不动，继续由后向前摇动绳子，将绳子的一端缠绕在小臂或手腕上（见图 3-13b）；第 3 拍，双手摇绳，将绳子甩向身体左侧，右手在上，左手在下，呈交叉状，绳子在身体左侧侧甩打地（见图 3-13c）；第 4 拍，双手保持交叉姿势，继续向前摇绳（见图 3-13d），绳子从手臂上解开，在身体左侧侧甩打地，同时左手向外侧伸出（见图 3-13e）；第 5—8 拍与第 1—8 拍动作相同，方向相反（见图 3-13f、图 3-13g、图 3-13h、图 3-13i）。以一个 8 拍为例，第 1 拍，右边侧打；第 2 拍，绳子缠绕在手臂上；第 3 拍，绳子甩向身体左侧，两手交叉；第 4 拍，解开绳子，在身体左侧继续侧打地；第 5—8 拍，重复以上动作。

2. 动作要领

（1）绳子摇向身体右侧时：两手分开，在一条直线上，将

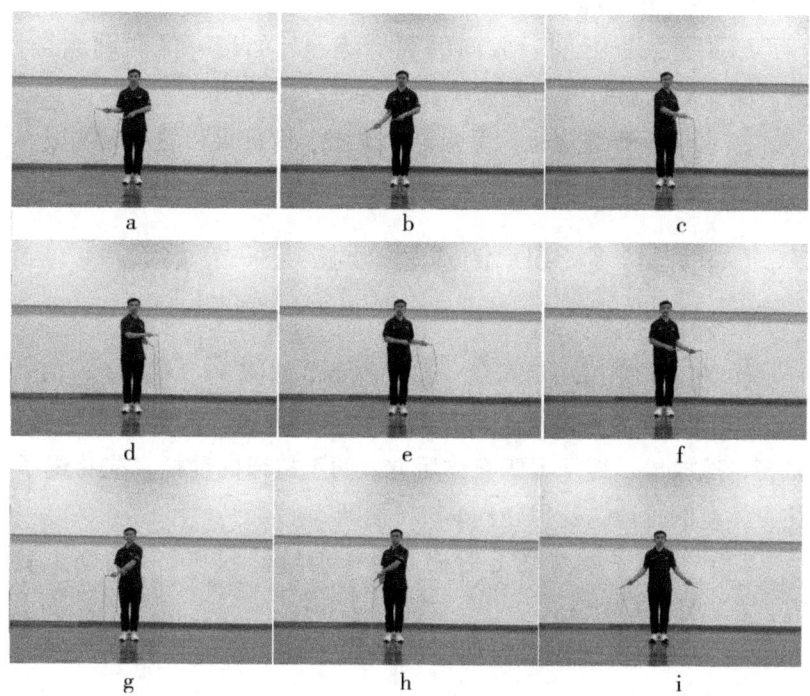

图3-13 手臂缠绕示范

绳子一端缠绕在小臂或者手腕上。

（2）绳子摇向身体左侧时：两手交叉，右手在上，左手在下，将绳子解开。

3. 重点与难点

侧甩打地时，将绳子从身体的正前方向正后方打地，注意转身的时机与幅度。

4. 易犯错误与纠正方法

（1）绳子缠绕在大臂上，导致不能甩向身体左侧。

纠正方法：缩短两手手腕之间的距离，手腕同时同向用力。

（2）身体转向幅度过大或者过小，导致绳子方向偏离。

纠正方法：原地徒手进行转身训练，熟练后持绳练习。

5. 练习方法提示

（1）首先进行同一方向的缠绕练习，如当一侧向前缠绕，另一侧接着向后打开，左右手交替练习。

（2）做手臂缠绕时，手腕自然放松，进行柔和的摇绳练习。

（3）练习完整动作。

（四）转身 360°侧甩—后摇跳—前摇跳

1. 动作方法

转身 360°侧甩—后摇跳—前摇跳示范如图 3-14 所示。

（1）基本准备姿势：身体直立，双脚并拢，两臂自然弯曲，肩膀自然放松，绳子置于身体后方。两手持绳向前摇，先将绳子往身体左侧打地，身体转向 90°（见图 3-14a）。

（2）将绳子顺势变为后摇，身体继续转向 90°（面朝正后方）（见图 3-14b）。

（3）待后摇绳子经过脚下，跃起过绳，落地后马上继续向左转身 90°。

（4）回到起始方向（正前方），转身的瞬间将绳子转向前摇，做并脚跳（见图 3-14c、图 3-14d）。

以一个 8 拍为例，第 1 拍，往左转身 90°，绳子侧甩打地。第 2 拍，继续转身 90°变成后摇并脚跳。第 3 拍，向左转身 90°变成身后侧甩打地。第 4 拍，继续向左转身 90°，变为前摇，做并脚跳。第 5—8 拍重复以上动作。

2. 动作要领

做侧甩打地动作要两手分开，保持一前一后，将绳子沿着立圆轨迹运行，从正前方向正后方打地。转身幅度不宜过大、过小。

3. 重点与难点

侧甩打地时，将绳子从身体的正前方向正后方打地，跳过后摇的同时注意转髋。

图3-14 转身360°侧甩—后摇跳—前摇跳示范

4. 易犯错误与纠正方法

（1）绳子没有从身体的正前方向正后方打地，绳子打歪，导致做后摇动作时绳子打脚。

纠正方法：在体侧画一条直线，原地练习侧打甩绳。

（2）身体转向幅度过大或者过小，导致绳子方向偏离。

纠正方法：原地徒手进行转身训练，熟练后持绳练习。

5. 练习方法提示

（1）练习手部动作。徒手模拟侧甩身转身。

（2）练习徒手转身。练习转身跳动作，摇绳同时转身，重复练习，一摇一转。

（3）练习完整动作。从基本跳开始，当绳子先往左边甩时，同时做转身动作,转过身后,接着进行一次反跳,保持绳在空中移动时身体转回最初的位置,熟练后可加快速度。

三、两人一绳、车轮技术的动作与训练

(一) 两人一绳基本摇绳

1. 动作方法

两人一绳基本摇绳示范如图3-15所示。两人并排正向站立,使用一根绳,用外侧手握住绳柄末端。中间间隔1~2人的距离。初学者建议使用两拍一摇的节奏,绳子单数节拍打地,双数节拍在空中最高点。随着动作的熟练,可以使用一拍一摇,绳子每一拍都打地。

图3-15 两人一绳基本摇绳示范

2. 动作要领

摇绳以肘关节为轴,小臂画圆,注意摇绳的节奏要清晰。

3. 重点与难点

两人动作统一、节奏一致。

4. 易犯错误与纠正方法

（1）两人间距太远，导致绳子打不到地。

纠正方法：适当调整摇绳间距。

（2）动作不统一，绳子轨迹不圆润。

纠正方法：加强练习，统一节奏，控制好绳子。

5. 练习方法提示

（1）两人分别进行原地徒手练习，单手在身体前进行小臂"画图"练习，确定节奏与动作顺序，建立清晰的动作概念。

（2）持绳进行两人一绳的完整动作练习。

（3）逐渐加快节奏，提高动作熟练度。

（二）两人一绳同摇跳绳

1. 动作方法

两人一绳同摇跳绳示范如图3-16所示。两人并排正向站立，使用一根绳子，用外侧手握住绳柄末端，中间间隔1~2人的距离（见图3-16a），两人同时向前摇绳。以一个8拍为例，第1—2拍，基本摇绳；第2拍，绳子于空中达到最高点时，两人同时往前迈一小步，并转身面向正前方（见图3-16b）；第3拍，在绳子打地的瞬间，两人同时跳过绳子（见图3-16c）；第4拍，两人同时往外迈一小步，转身回到摇绳起式动作。第5—8拍，同第1—4拍。

图3-16 两人一绳同摇跳绳示范

2. 动作要领

摇绳以肘关节为轴，小臂画圆。起跳瞬间，手臂尽量往下，小腿稍往后收。

3. 重点与难点

两人动作统一、协调。

4. 易犯错误与纠正方法

（1）两人间距太远，导致绳子绊脚。

纠正方法：跳过绳的瞬间，两人并肩同时面朝前，或将绳子适当调长。

（2）动作不统一，导致失误。

纠正方法：徒手练习，统一节奏。

5. 练习方法提示

（1）两人分别进行原地徒手练习，确定节奏与动作顺序，建立清晰的动作概念。

（2）持绳练习完整动作。

（3）逐渐加快节奏，提高动作熟练度。

（三）两人一绳轮换跳

1. 动作方法

两人一绳轮换跳示范如图 3-17 所示。两人并排正向站立，使用一根绳子，用外侧手持绳柄末端，中间间隔 1～2 人的距离（见图 3-17a），两人同时向前摇绳。以一个 8 拍为例，第 1—2 拍，进行基本摇绳，绳子在空中达到最高点时，左边的人往前迈一小步后，向右转身面向正前方；第 3—4 拍，绳子打地的瞬间跳过绳子，然后往左转身，回到摇绳姿势（见图 3-17b）；第 5—6 拍，进行基本摇绳，绳子在空中达到最高点时，右边的人往前迈一小步后，向左转身，面向正前方；第 7—8 拍，绳子打地，瞬间跳过绳子，然后往右转身，回到摇绳姿势（见图 3-

17c）。异侧同理。

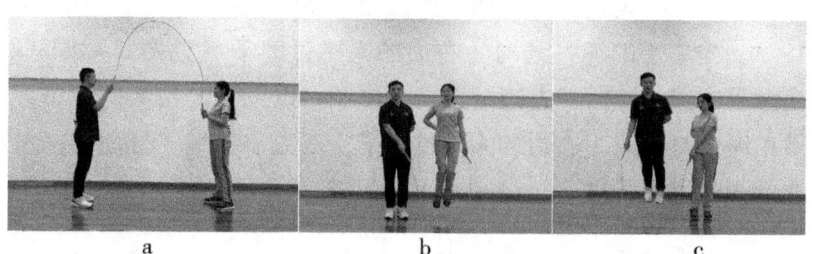

图 3-17 两人一绳轮换跳示范

2. 动作要领

保持两拍一摇的摇绳节奏，摇绳以肘关节为轴，以小臂画圆。

3. 重点与难点

转身时机的把握。当绳体被摇至最高点时，转身配合摇绳跃过绳子。

4. 易犯错误与纠正方法

两人间距太远，导致跳绳者失误。

纠正方法：以能够轻松跳过绳子为准则，控制好两人之间的间距。

5. 练习方法提示

（1）两人分别进行原地起跳，把握节奏，一摇一跳。

（2）学会进绳与出绳，运用节拍来练习进出绳。

（3）练习完整动作。结合以上方法练习动作，逐渐加快节奏，提高动作熟练度。

（四）车轮单摇跳

1. 动作方法

车轮单摇跳示范如图 3-18 所示。两人并排正向站立，双人双绳，两人左手同握一根绳，右手同握一根绳。如左手先起，则右手所持之绳在后；如左手先起，则左手所持之绳在后。两人同时先摇起右手的绳,当绳子在空中达到最高点时迅速起左手的绳,同时保持匀速摇绳,两绳所成角度始终保持180°(见图3-18a)。当右手的绳打地时,右边的人跳过绳子(见图3-18b);当左手的绳打地时,左边的人跳过绳子。以一个8拍为例,单数节拍绳子打地时,右边的人跳过绳子;双数节拍绳子打地时,左边的人跳过绳子。

图3-18　车轮单摇跳示范

2. 动作要领

手臂在体侧匀速地画椭圆,身体躯干保持正直,前脚掌着地,膝盖微微弯曲。

3. 重点与难点

两人手臂动作协调、统一,手臂保持匀速画圆,始终一上一下地交替摇绳。

4. 易犯错误与纠正方法

(1) 两手同时摇绳。

纠正方法:①一人左右两手同时握住一根绳子,原地练习摇绳动作,熟练后同时加上起跳动作进行练习。②两人右手同时握住一根绳子,练习摇绳;待熟练后,两人再左手同时握住一根绳子,练习摇绳;最后进行完整练习。

（2）起跳时机与摇绳打地节奏不一致。

纠正方法：使用音乐节拍器，节奏先慢后快，注意在绳子打地的瞬间起跳。

5. 练习方法提示

（1）原地徒手练习摇绳，注意摇绳的节奏和手的位置。

（2）配合节奏练习原地摇跳，注意对绳子打地与起跳时机的把握。

（3）两人持绳配合进行第1、第2拍的练习。

（4）两人持绳配合进行完整动作练习。

第二节　花式跳绳中级训练技术

一、个人绳单摇技术的动作与训练

（一）后摇间隔交叉跳

1. 动作方法

后摇间隔交叉跳示范如图3-19所示。基本准备姿势：身体直立，双脚并拢，两臂自然弯曲，肩膀自然放松，绳子置于身体后方。双手握住绳柄末端，绳体置于身前，将绳子由前向后摇动，第1拍为基本后摇跳（见图3-19a）；当在第1拍跳过绳后，把绳子摇至体前时，两手顺势交叉向后摇绳，交叉点在小臂中点并紧贴腹部。在绳子打地的瞬间，并脚起跳跃过绳子（见图3-19b），完成第2拍的动作。待绳子再次摇至体前时，两手顺势打开成后摇绳，做基本后摇跳，如此反复，完成后摇间隔交叉跳。以一个8拍为例，单数节拍为基本后摇跳，双数节拍为后摇交叉跳。

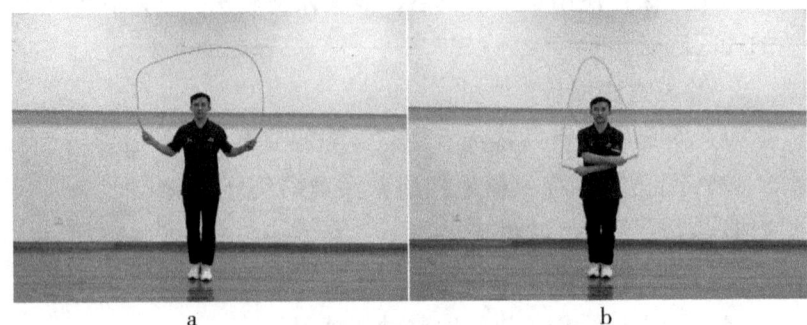

图3-19 后摇间隔交叉跳示范

2. 动作要领

（1）上肢：大臂自然放松，小臂交叉，交叉点在小臂中点并紧贴腹部，手腕转动发力。

（2）下肢：落地时前脚掌着地，膝盖微屈以增加缓冲，保护膝盖。

（3）躯干：抬头挺胸，收腹立腰，眼睛注视前方。

3. 重点与难点

两人握住绳柄末端，手腕发力，小臂交叉，交叉点紧贴腹部；注意起跳与绳子打地的时机要吻合。

4. 易犯错误与纠正方法

（1）大臂交叉，手腕不用力，交叉点前伸，导致绳子打脚。

纠正方法：原地徒手练习手臂交叉动作或两手各持一绳练习手臂交叉动作，建立清晰的动作概念。

（2）跳得太高，导致摇绳与起跳节奏不一致。

纠正方法：使用音乐节拍，原地进行徒手跳跃练习和后进持绳练习。

5. 练习方法提示

（1）徒手进行后摇手臂交叉练习。

(2) 双手持绳进行原地后摇手臂交叉摇绳练习（第 1 拍跳过基本后摇跳后，第 2 拍后摇交叉踩绳）。

(3) 练习完整动作。

（二）前后交叉跳

1. 动作方法

前后交叉跳示范如图 3-20 所示。基本准备姿势：身体直立，双脚并拢，两臂自然弯曲，肩膀自然放松，绳子置于身体后方。第 1 拍，反手向前摇绳，体前的手在异侧位置侧甩打地，另一侧手贴紧臀部并滑至身体背后。第 2 拍，体前与背后两手前后交叉在一条水平线上，两手手腕向上均匀发力，摇绳过头顶至体前，并脚跳过绳子。跳过绳子后，背后的手由后至上往前摇绳至体前，体前的手向上往前摇绳至体前，跳过基本跳，完成前后交叉跳。

图 3-20　前后交叉跳示范

2. 动作要领

两手手腕均匀发力，摇绳过头顶；在两手手腕同时向下摇绳时，跳过绳子。

3. 重点与难点

从准备姿势开始，第 1 拍保证侧甩摇动的方向正确，第 2 拍背后的手需要配合体前的手同时进行摇动。

4. 易犯错误与纠正方法

绳子偏向一侧、手腕没有摇绳动作、身体弯曲、手腕发力不均匀。

纠正方法：徒手、单手持绳进行动作模拟摇绳发力练习。

5. 练习方法提示

（1）徒手摆出前后交叉的动作。

（2）单手持绳，手腕发力，做前后交叉摇绳动作。

（3）双手持绳，手腕均匀发力，做侧甩连接前后交叉摇绳并踩绳。

（4）进行完整的动作练习。

（三）异侧胯下交叉跳

1. 动作方法

异侧胯下交叉跳示范如图 3-21 所示。基本准备姿势：身体直立，双脚并拢，两臂自然弯曲，肩膀自然放松，绳子置于身体后方。摇绳至体前时抬起一侧腿，大腿抬至与地面保持平行，两手在身体前进行交叉摇绳。同时，异侧的手在该腿内侧和腿做交叉动作，异侧的手在大腿下侧，两手均匀发力摇绳过身体。跳过绳子后，将腿放下的同时，双手打开，身体直立，完成动作。

2. 动作要领

手摇绳至大腿下侧时动作要规范，异侧的手在内贴近身体，同侧的手在外。

3. 重点与难点

抬腿脚的动作需要提前，并保持身体稳定，保证胯下的手摇绳有足够的空间。

4. 易犯错误与纠正方法

异侧的手在胯下交叉不到位、上半身向左右倾斜、两手发力

图3-21 异侧胯下交叉跳示范

不均匀。

纠正方法：徒手、单手持绳进行模拟摇绳发力动作练习。

5. 练习方法提示

（1）徒手做异侧胯下交叉动作，并固定身体2～3秒。

（2）单手持绳，手腕发力，做异侧胯下交叉动作。

（3）双手持绳，手腕均匀发力，做异侧胯下交叉动作并踩绳。

（4）练习完整动作。

（四）同侧胯下直摇跳

1. 动作方法

同侧胯下直摇跳示范如图3-22所示。基本准备姿势：身体直立，双脚并拢，两臂自然弯曲，肩膀自然放松，绳子置于身体后方。两手由后向前摇绳，抬起一侧腿，同侧的手摇绳至大腿下，手臂与腿部交叉，尽量往上抬腿，两手摇绳的位置保持在同一水平线上，加大同侧手在大腿下的摇绳幅度，注意双手摇绳发力配合。跳过同侧胯下直摇后可以做侧甩打开的动作，做侧甩的时候放下抬起的脚，注意交叉手控制绳子并完成动作。

图3-22　同侧胯下直摇跳示范

2. 动作要领

同侧的手放置在大腿下做交叉动作，尽量往上抬腿。手摇绳至大腿下侧时动作要规范。两手持绳，均匀发力。

3. 重点与难点

摇绳至头顶上方时，需要提前抬起大腿并固定，保持身体重心稳定，保证同侧胯下的手摇绳有足够的空间。

4. 易犯错误与纠正方法

身体弯曲、异侧的手摇绳幅度过大、腿抬起的高度不够。

纠正方法：徒手、单手持绳进行模拟摇绳发力动作练习。

5. 练习方法提示

（1）徒手做同侧胯下直摇动作，腿要抬高，并保持身体稳定。

（2）双手持绳，手腕均匀发力，做同侧胯下直摇（摇过身体）练习。

（3）练习完整动作。

（五）停绳缠绕

1. 动作方法

停绳缠绕示范如图 3-23 所示。基本准备姿势：身体直立，双脚并拢，两臂自然弯曲，肩膀自然放松，绳子置于身体后方。双手持绳，向前摇绳，在第 1—2 拍，左脚同时前伸，脚跟点地，踩住绳子，双手将绳子拉直（见图 3-23a）；在第 3—4 拍，右脚由内向外顺时针绕过绳子踩地（见图 3-23b）；在第 5—6 拍，绕过绳子的右脚继续顺时针旋转，将绳子在右腿小腿上缠一圈（见图 3-23c）；在第 7—8 拍，右手保持原来位置，左手逆时针运动绕过头，绳子经过右脚时，右脚抬起，解开绳子，完成该动作。（如图 3-23d、图 3-23e、图 3-23f 所示）

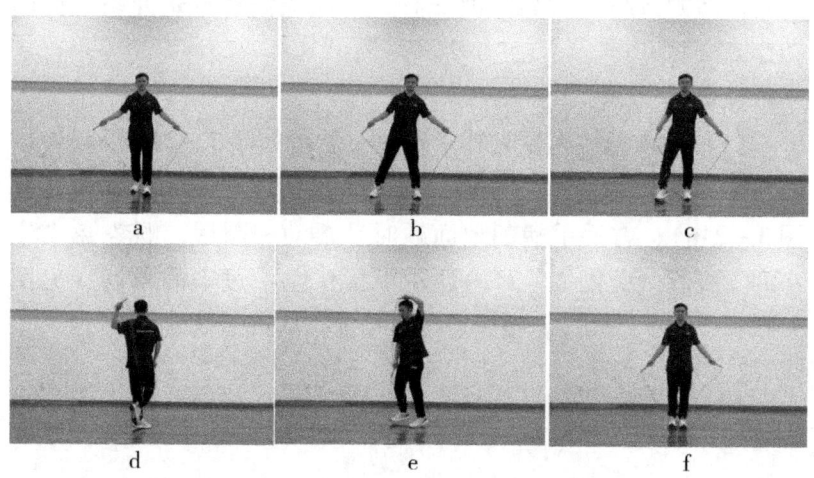

图 3-23 停绳缠绕示范

2. 重点与难点

把握缠绕时的节奏与缠绕方向，每两拍之间进行清晰的节奏停顿，发力干脆利落。

3. 易犯错误与纠正方法

缠绕与解绳的手部运动方向不清晰。

纠正方法：循序渐进地进行动作分解练习。

4. 练习方法提示

（1）绕绳。左脚踩绳，将绳绷直，右脚向前点地，保持平衡，再向里缠绕一圈。

（2）解绳。左手绕过头顶放在体前，抬左脚将绳从左脚后跟放出。

（3）练习完整动作。左脚踩绳，右脚向身体方向缠绕一圈，紧接着，身体向左侧转360°将绳子解开。

（六）体前抛接绳"钓鱼"

体前抛接绳"钓鱼"有三种，下面我们将分别介绍它们的动作方法。

1. 动作方法

（1）体前抛接绳顺时针"钓鱼"示范如图3-24所示。（以右手握为例）右手握一绳柄，另一个手柄放置于体前地面（见图3-24a）；右手手柄朝地面顺时针摇动一圈后，顺势绕"8"字向上提起（见图3-24b），左手接住空中过来的绳柄（见图3-24c、图3-24d）。接绳后可连接前摇跳或后摇跳。

a　　　　　　　　　　b

图3-24 体前抛接绳顺时针"钓鱼"示范

（2）体前抛接绳体前拉绳"钓鱼"示范如图3-25所示。右手握一绳柄，另一个手柄放置于体后地面（见图3-25a）；右手从后向前将地面手柄向前拖动，拖动至体前后顺势向上拉起（见图3-25b、图3-25c），左手接住从空中抛过来的绳柄（见图3-25d）。

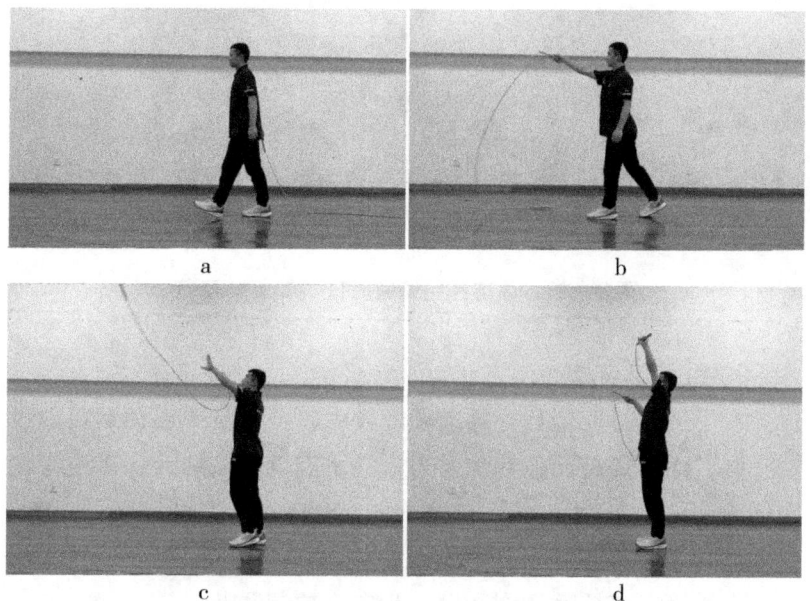

图3-25 体前抛接绳体前拉绳"钓鱼"示范

(3) 体前抛接绳逆时针"钓鱼"示范如图3-26所示。右手握一绳柄，另一个手柄放置于体前地面（见图3-26a）；右手手柄朝地面逆时针摇动一圈，逆时针摇动一圈且平行于地面，顺势绕"8"字向上提起（见图3-26b、图3-26c），左手接住从空中抛过来的绳柄（见图3-26d）。接绳后可连接前摇跳或后摇跳。

图3-26 体前抛接绳逆时针"钓鱼"示范

2. 重点与难点

右手发力过程较长，摇绳幅度较大，可使空中绳柄运行速度慢一些，而不是短而急促地发力，左手能较轻松地接住抛过来的绳柄。

3. 易犯错误与纠正方法

右手第一步摇动一圈和第二步向上拉起脱节。

纠正方法：分解动作，单独进行右手摇绳练习；进行连贯摇动一圈练习，直接向上拉起练习。

4. 练习方法提示

（1）抛绳。右手将一只绳柄向前抛出，右手顺时针画半圈后拉回绳。

（2）接绳。左手五指并拢，大拇指向右打开，当右手拉回绳时，左手接住手柄即可。

（3）固定位置和距离，进行完整的动作练习。

二、个人绳多摇技术的动作与训练

（一）侧甩交叉双摇跳

1. 动作方法

侧甩交叉双摇跳示范如图 3-27 所示。双手握住绳柄末端，将绳子由后向前摇动，绳子在身体左侧侧甩打地，同时膝盖微屈，起跳腾空（见图 3-27a），左手绕"8"字至身体右侧，两手成体前交叉，在落地前跳过交叉（见图 3-27b）。异侧同理。

2. 动作要领

双手向左侧甩，左手在上，右手在下，侧甩打地，同时起跳。当绳子摇至身体上方时，右手保持原有位置，左手手腕带动绳子，顺势将其摇至身体右侧，双手在腹前交叉，跳过绳子，完成侧甩交叉双摇跳。异侧同理。

3. 重点与难点

手臂由侧甩转为交叉时，双手均匀用力。

4. 易犯错误与纠正方法

（1）侧甩时绳子打歪，导致交叉时绳子打脚。

纠正方法：原地进行侧甩—交叉跳踩绳练习，逐渐加快

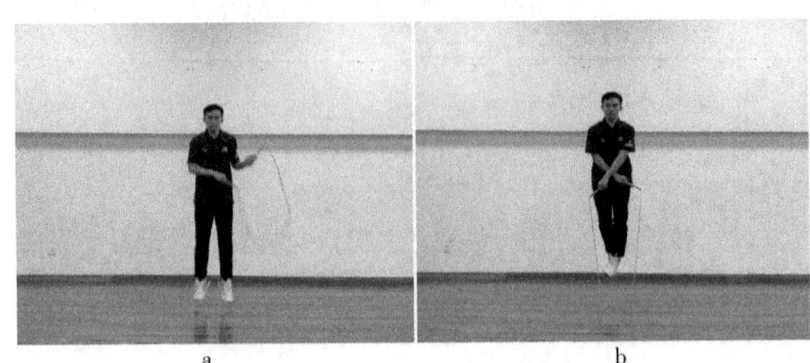

图3-27 侧甩交叉双摇跳示范

速度。

(2) 侧甩交叉时,绳子因被摇歪而打脚。

纠正方法:进行侧甩—交叉跳踩绳练习与基本交叉跳练习,熟悉交叉时手腕的发力方式。

5. 练习方法提示

(1) 练习手部动作。双脚并拢不动,双手重叠进行常规侧甩交叉动作练习。

(2) 练习徒手双摇动作。

(3) 练习完整动作。双摇起跳,双手先向一边进行侧甩,然后进行交叉,将整个动作连贯起来连续进行练习。

(二) 侧甩直摇双摇跳

1. 动作方法

侧甩直摇双摇跳示范如图3-28所示。双手握住绳柄末端,将绳子由后向前摇动,绳子在身体左侧侧甩打地,同时膝盖微屈,起跳腾空(见图3-28a),右手绕"8"字至身体右侧,两手打开,在落地前跳过直摇(见图3-28b)。异侧同理。

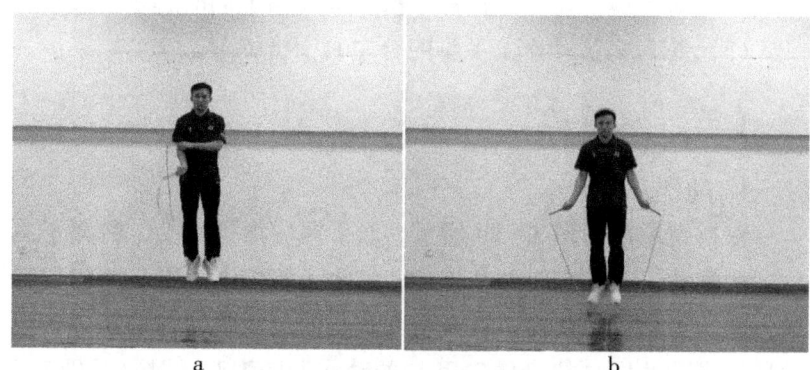

图3-28 侧甩直摇双摇跳示范

2. 动作要领

双手向左侧甩，左手在下，右手在上。侧甩打地后，当绳子摇至身体上方时，左手保持原有位置，右手手腕带动绳子，顺势将其摇至身体右侧，双手在身体两侧。跳过绳子，完成侧甩直摇双摇跳。异侧同理。

3. 重点与难点

手臂由侧甩转为直摇时，双手均匀用力。

4. 易犯错误与纠正方法

（1）侧甩时绳子打歪，导致直摇时绳子打脚。

纠正方法：原地进行侧甩—直摇跳踩绳练习，逐渐加快速度。

（2）侧甩直摇时，绳子摇歪打脚。

纠正方法：进行侧甩—直摇跳单摇练习，熟悉手腕从侧甩到直摇的发力轨迹。

5. 练习方法提示

（1）练习手部动作。侧打踩绳，甩一次绳，踩停一次，左右交替。

(2) 练习腿部动作。侧甩一次，双腿向上同时起跳。

(3) 练习完整动作。手脚配合左右衔接练习。

(三) 双摇跳

1. 动作方法

双摇跳示范如图 3-29 所示。双手握住绳柄末端，将绳子由后向前摇动，在并脚跳的基础上，加快手腕摇绳速度，双脚屈膝向上跳，手腕摇绳两次，在人跳起腾空的过程中，绳子跃过头顶并通过脚下两周（绕身体 720°）的动作，即为双摇跳（见图 3-29a、图 3-29b）。

图 3-29 双摇跳示范

2. 动作要领

(1) 上肢：保持基本的摇绳姿势，大臂自然放松，小臂微张，手心朝前下方，手腕快速抖动。

(2) 下肢：两脚并拢，起跳腾空时小腿略往后收，落地时屈膝，前脚掌着地。

(3) 躯干：抬头挺胸，收腹立腰，眼睛注视前方，身体保持正直。

(4) 呼吸：跃起吸气，落地呼气，保持均匀有节奏。

3. 重点与难点

手腕快速上下抖动，把握摇绳与起跳之间的时机与节奏。

4. 易犯错误与纠正方法

（1）撅臀、脚往前踢。

纠正方法：原地进行跳跃练习，收腹、立腰，脚踝用力，注意起跳、腾空时的身体姿态。

（2）落地不稳、身体转向。

纠正方法：可以画一个1米×1米的正方形，在指定范围内练习。注意落地屈膝并脚，双摇之间保持一定的节奏，可使用节拍器进行节奏练习。

5. 练习方法提示

（1）练习徒手并脚跳跃。

（2）练习原地摇绳。

（3）练习单手摇绳的并脚跳跃。

（4）练习双手摇绳的单个动作。

（5）持绳连续完成动作。

（四）直摇交叉双摇跳

1. 动作方法

直摇交叉双摇跳示范如图3-30所示。双手握住绳柄末端，将绳子由后向前摇动，人跳起腾空的过程中，绳子过头顶并通过脚下两周（绕身体720°），第一圈直摇，第二圈双手体前交叉，即为直摇交叉双摇跳（见图3-30a、图3-30b）。

其他同类双摇跳的介绍如下。

（1）固定交叉双摇跳示范如图3-31所示。双手握住绳柄末端，将绳子由后向前摇动，人跳起腾空的过程中，双手固定在体前交叉摇动绳子并通过脚下两周（绕身体720°），为固定交叉双摇跳（见图3-31a、图3-31b）。

图 3-30　直摇交叉双摇跳示范

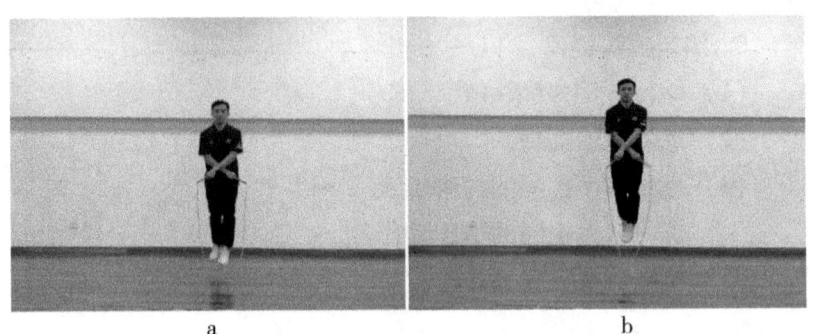

图 3-31　固定交叉双摇跳示范

（2）交叉直摇双摇跳示范如图 3-32 所示。双手握住绳柄末端，将绳子由后向前摇动，人跳起腾空的过程中，绳子过头顶并通过脚下两周（绕身体 720°），第一圈双手体前交叉，第二圈直摇，即为交叉直摇双摇跳（见图 3-32a、图 3-32b）。

2. 动作要领

（1）上肢：大臂自然放松，小臂微张，手心朝前下方，手腕快速转动。

（2）下肢：两脚并拢，起跳腾空后，小腿略往后收，落地屈膝，前脚掌着地。

图 3-32 交叉直摇双摇跳示范

（3）躯干：抬头挺胸，收腹立腰，眼睛注视前方，身体保持正直。

（4）呼吸：跃起吸气，落地呼气，保持节奏均匀。

3. 重点与难点

手腕快速上下抖动，把握摇绳与起跳之间的时机与节奏。

4. 易犯错误与纠正方法

（1）撅臀、脚往前踢。

纠正方法：原地进行跳跃练习，收腹、立腰，脚踝用力，注意起跳后身体在空中的姿态。

（2）落地不稳、身体转向。

纠正方法：可以画一个 1 米 × 1 米的正方形，在指定范围内练习。注意落地屈膝并脚，双摇之间保持一定的节奏，可使用节拍器进行节奏练习。

5. 练习方法提示

（1）练习徒手并脚跳跃。

（2）练习原地摇绳。

（3）练习单手摇绳的并脚跳跃。

（4）练习双手摇绳的单个动作。

（5）持绳连续完成动作。

三、两人一绳技术的动作与训练

（一）两人一绳换位跳

1. 动作方法

两人一绳换位跳示范如图3-33所示。两人并排相向站立，使用一根绳，用外的侧手握住绳柄末端，中间间隔1～2人的距离，两人同时向前摇绳。以一个8拍为例，在第1—2拍，进行基本摇绳（见图3-33a）；第3—4拍，同摇同跳（见图3-33b）；第5—6拍，一人往前，一人往后，两人身体前后对齐，同时跳过绳子（见图3-33c）；第7拍，两人同时将绳柄换手，变为外侧手握绳（见图3-33d、图3-33e）；第8拍，完成两人一绳换拉跳后停绳（见图3-33f）。

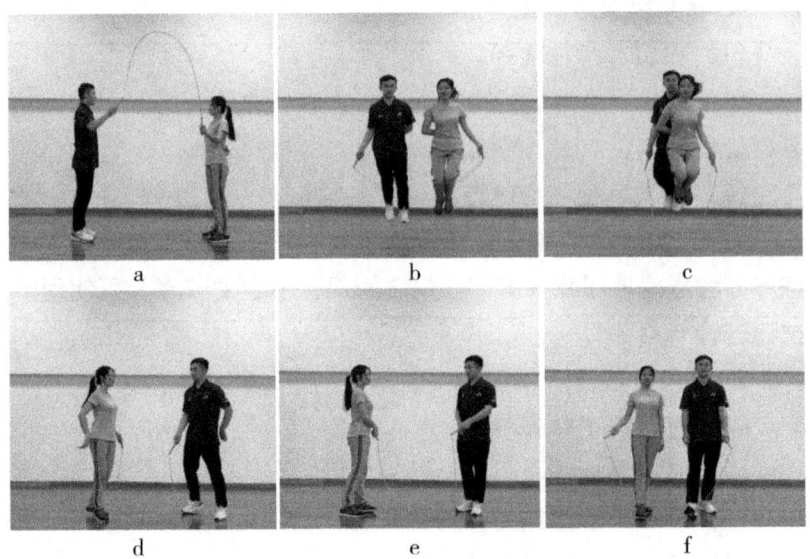

图3-33 两人一绳换位跳示范

2. 动作要领

摇绳以肘关节为轴，小臂画圆。在起跳的瞬间，手臂尽量往下，小腿稍往后收。

3. 重点与难点

两人动作统一、协调，换位时，两人的位置距离不可过远，两只摇绳的手的位置要相互配合，保证发力方向、力度一致。

4. 易犯错误与纠正方法

（1）两人前后、左右间距太远，导致绳子绊脚。

纠正方法：以能够轻松跳过绳子为准则，控制好两人之间的距离。

（2）动作不统一，导致失误。

纠正方法：徒手练习，统一节奏，进行动作的模拟练习。

5. 练习方法提示

（1）两人进行甩绳练习。右侧的队员右手持绳，左侧队员左手持绳，身体保持正直，目视前方，在自己身体侧面进行摇绳练习。

（2）两人徒手配合走位练习。换位时，两人的间隙不宜过宽，果断快速交换。

（3）持绳进行完整练习。两人各持绳柄一端，同时跳，同时换，配合节奏，建立默契。

（二）两人一绳体前交叉跳

1. 动作方法

两人一绳体前交叉跳示范如图 3-34 所示。两人并排正向站立，使用一根绳，用外侧的手握住绳柄末端，中间间隔 1～2 人的距离，两人同时向前摇绳。以一个 8 拍为例，在第 1—2 拍空摇；第 3—4 拍，右边的人进绳并跳过绳，基本为两人一绳单摇跳（见图 3-34a）；第 5—6 拍，跳绳者的左手往右交叉，摇绳者的右手往跳绳者左侧摇动，与跳绳者的手臂交叉，绳柄伸出跳绳者的体侧，让跳绳者跳过绳子（见图3-34b）；第7—8拍，两人同时打开手臂，回到摇绳姿势（见图3-34c、图3-34d）。

图3-34　两人一绳体前交叉跳示范

2. 动作要领

交叉时，跳绳者的手臂紧贴腹部，摇绳者的手臂紧贴跳绳者的手臂，绳柄伸出跳绳者的体侧，手腕用力画圆。

3. 重点与难点

摇绳者为跳绳者进行交叉摇绳时，需在外侧进行交叉的辅助摇绳。

4. 易犯错误与纠正方法

（1）交叉摇绳时，摇绳者的手臂抬得过高或者过低，导致失误。

纠正方法：徒手练习，摇绳者的手臂紧贴跳绳者的手臂。

（2）动作不统一，导致失误。

纠正方法：徒手练习，再持绳统一节奏，进行动作的模拟练习。

5. 练习方法提示

（1）两人进行甩绳练习。右侧的队员右手持绳，左侧队员左手持绳，身体保持正直，目视前方，在自己身体的侧面进行摇绳练习。

（2）两人徒手配合走位练习。

（3）持绳进行完整练习。

（三）车轮内转360°转身跳

1. 动作方法

车轮内转360°转身跳示范如图3-35所示。车轮跳准备姿势：两人并排正向站立，双人双绳，两人左手同握一根绳，右手同握一根绳，如右手先起，则左手所持之绳在后。以一个8拍为例，第1—4拍，为车轮单摇跳（见图3-35a）；第5—6拍，以右侧人为例，向内侧转身360°，双手摇绳，夹角始终保持180°（见图3-35b）；第7—8拍，完成车轮基本单摇跳（见图3-35c、图3-35d）。

2. 动作要领

身体躯干保持正直，前脚掌着地，膝盖微微弯曲，转身时手臂伸直，上臂贴近耳朵，下臂贴近大腿。

3. 重点与难点

两人之间保持适当的距离，在转身的瞬间手臂自然向下，不要外展。

4. 易犯错误与纠正方法

（1）两人之间的距离太远或者太近。

图3-35 车轮内转360°转身跳示范

纠正方法：两人同时徒手进行转身练习，确保两人之间同时转身，不会触碰到对方的身体。

（2）身体不协调、绳子不饱满、起跳的时机与摇绳打地的节奏不一致。

纠正方法：使用音乐节拍器，先慢后快，在绳子打地的瞬间起跳，保持起跳节奏一致，手臂上下摇绳的节奏保持一致，与音乐节奏相符合。

5. 练习方法提示

（1）原地徒手练习摇绳与转身，注意摇绳、起跳的节奏，转身的时机与手的位置。

（2）练习单人转身接踩绳。

（3）练习单人转身连接单摇跳。

(4) 练习基本车轮跳接转身跳。

(5) 练习完整动作。

(四) 车轮换位半周跳

1. 动作方法

车轮换位半周跳示范如图3-36所示。车轮跳准备姿势：两人并排正向站立，双人双绳，两人左手同握一根绳，右手同握一根绳。如右手先起，则右手所持之绳在后。以一个8拍为例，第1—4拍为车轮单摇跳；第5拍，右侧队员跳过手中的绳子的同时，身体往前向左前方移动，左侧队员往右后方移动（见图3-36a）；第6拍，两人前后位置重合（见图3-36b），绳子在两位队员身体两侧侧甩打地后，继续移动到对方的位置，原左侧队员向右方前移一小步，原右侧队员向左后方移动一小步，完成位置互换（见图3-36c）；第7—8拍，完成车轮基础单摇跳（见图3-36d）。

2. 动作要领

两人摇绳保持车轮基本单摇跳的节奏，协同配合完成左右位置互换。

3. 重点与难点

换位时机的把握与前后距离的控制是重难点。两人换位重合时，同时配合移动并完车轮摇绳，注意不要距离太远。

4. 易犯错误与纠正方法

(1) 两人前后之间距离太远或者太近。

纠正方法：两人同时徒手进行换位练习，确保两人同时换位，避免身体发生碰撞。

(2) 身体不协调、绳子摇动的弧度不饱满、起跳时机与摇绳打地的节奏不一致。

纠正方法：使用音乐节拍器，先慢后快，在绳子打地的瞬间

图3-36 车轮换位半周跳示范

起跳或两人每一节拍都同时起跳,保持起跳节奏一致,手臂上下摇绳的节奏保持一致,与音乐节奏相符合。

5. 练习方法提示

(1)原地徒手练习摇绳与换位,注意摇绳、起跳的节奏,换位时机与手的位置。

(2)配合节奏练习原地摇跳,注意对绳子打地与起跳时机的把握。

(3)两人持绳配合进行完整的动作练习。

第三节 花式跳绳高级训练技术

一、个人绳单摇技术的动作与训练

(一) 双手单腿胯下交叉跳

1. 动作方法

双手单腿胯下交叉跳示范如图 3-37 所示。做好基本准备姿势，身体直立，摇绳至体前时抬起某一条腿与地面平行，双手摇至大腿根部，在腿下做交叉动作，两手均匀发力摇绳过身体，队员跳过绳子。跳过后将腿放下，同时双手打开、身体直立，完成动作。

图 3-37　双手单腿胯下交叉跳示范

2. 动作要领

手摇绳至大腿下侧时动作要规范，双手同时绕"8"字，在单腿胯下做交叉动作。

3. 重点与难点

抬腿脚需要提前抬起，并保持身体稳定，保证胯下的手有足够的空间摇动。

4. 易犯错误与纠正方法

胯下交叉不到位、上半身向左右倾斜、两手发力不均匀。

纠正方法：徒手、单手持绳进行动作模拟摇绳发力。

5. 练习方法提示

（1）徒手做双手单腿胯下交叉动作，并固定身体2～3秒。

（2）单手持绳，手腕发力，做双手单腿胯下交叉动作。

（3）双手持绳，手腕均匀发力，做双手单腿胯下交叉动作并踩绳。

（4）练习完整动作。

（二）前后异侧胯下交叉跳

1. 动作方法

前后异侧胯下交叉跳示范如图3-38所示。做好基本准备姿势，身体直立，以右手在体前为例，双手由后往上摇绳，绳子经头顶向前、向下运动。在向下摇绳的过程中，右手从身体前侧放至身体左侧，同时左手贴着身体背部，向下、向后、向上放至身体右侧运动，两手手腕继续发力向后、向上摇绳，在绳子跃过头顶向下运动的同时，抬起左腿与地面平行，右手从左大腿内侧放至左大腿下方；右腿单脚向上跳起，同时绳子经过脚底至身后。左右两手呈前后交叉状，绳子往上、往前摇动，直至完成动作。

2. 动作要领

两手均匀发力，摇绳过头顶。两手手腕向下摇绳，人跳过绳子。

3. 重点与难点

进行前后交叉动作前，通常需要进行侧甩衔接，保证侧甩摇

图3-38 前后异侧胯下交叉跳示范

动的方向正确,然后背后的手需要配合前面的手同时进行摇动。

4. 易犯错误与纠正方法

绳子偏向一侧、手腕没有做摇绳动作、身体弯曲、手腕发力不均匀。

纠正方法:徒手、单手持绳进行模拟摇绳发力动作练习。

5. 练习方法提示

(1) 徒手做前后交叉动作。

(2) 单手持绳,手腕发力,做前后异侧胯下交叉的摇绳动作。

(3) 双手持绳,手腕均匀发力,做前后异侧胯下交叉后停绳。

(4) 练习完整动作。

(三) 双手背后交叉跳

1. 动作方法

双手背后交叉跳示范如图3-39所示。做好基本准备姿势,身体直立，双手直接在体后做交叉动作，交叉点位于小臂中段，两手腕往上发力，带动绳子经头顶向前、向下运动。绳子向上运动的过程中，左右两手在体后做最大幅度的交叉动作，左手手柄指向右侧，右手手柄指向左侧，绳子过头顶后两手手腕继续向前、向下摇绳，并脚跳过，完成动作。

图 3-39 双手背后交叉跳示范

2. 动作要领

两手均匀发力，摇绳过头顶。两手手腕向下摇绳，队员跳过绳子。

3. 重点与难点

两手均在背后摇绳，保证手柄朝向正确，同时双手配合交叉摇绳。

4. 易犯错误与纠正方法

绳体不能正确通过头顶，背后交叉提前打开致绳体绊脚，无法成功通过。

纠正方法：徒手、单手持绳进行模拟摇绳发力动作练习。

5. 练习方法提示

（1）徒手做双手背后交叉动作。

（2）单手持绳，手腕发力，做背后交叉的摇绳动作。

（3）双手持绳，手腕均匀发力，做双手背后交叉动作后停绳。

（4）练习完整动作。

（四）双手同时膝后、背后交叉跳

1. 动作方法

双手同时膝后、背后交叉跳示范如图 3-40 所示。做好基本准备姿势，绳子由后向前摇起时，上体迅速下压，屈膝半蹲，双手向前延伸，绳体停于地面，向后向上拖动绳子。在绳子过脚后，一手放于膝后腘窝处的同时，另一手放于背后，继续将绳子向前上方摇动，完成该动作。

图 3-40　双手同时膝后、背后交叉跳示范

2. 动作要领

膝后腘窝处的手掌心朝后，背后的手掌心朝上；双手在膝后、背后时切勿将手柄朝上；双手在膝后、背后的摇绳动作统一，手腕摇绳。

3. 重点与难点

一手在膝后腘窝处，另一手在背后，保证手柄朝向正确，同时双手配合交叉摇绳。

4. 易犯错误与纠正方法

绳体不能正确通过头顶，交叉提前打开致绳体绊脚，无法成功通过。

纠正方法：徒手、单手持绳进行模拟摇绳发力动作练习。

5. 练习方法提示

（1）徒手做双手同时在膝后腘窝处、背后交叉的动作。

（2）单手持绳，手腕发力，做膝后腘窝处、背后交叉的摇绳动作。

（3）双手持绳，手腕均匀发力，做双手同时在膝后腘窝处、背后交叉停绳的动作。

（4）练习完整动作。

（五）双手膝后交叉跳

1. 动作方法

双手膝后交叉跳示范如图3-41所示。做好基本准备姿势，绳子由后向前摇起时，上体迅速下压，屈膝半蹲，双手向前延伸，绳体停于地面，向后向上拖动绳子。在绳子过脚后，双手同时放至膝后做交叉，继续将绳子向前上方摇动，完成该动作。

2. 动作要领

在膝后腘窝处的手拳心朝后；双手在膝后交叉，通过手腕摇绳。

3. 重点与难点

双手在膝后交叉保证手柄朝向正确，同时手腕配合摇绳。

4. 易犯错误与纠正方法

绳体不能正确通过头顶，交叉提前打开，导致绳体绊脚，无

图3-41 双手膝后交叉跳示范

法成功完成动作。

纠正方法：徒手、单手持绳进行模拟摇绳发力动作练习。

5. 练习方法提示

（1）徒手做双手膝后交叉动作。

（2）单手持绳，手腕发力，做膝后交叉的摇绳动作。

（3）双手持绳，手腕均匀发力，做双手膝后交叉停绳动作。

（4）练习完整动作。

（六）侧甩旋转放接绳

1. 动作方法

侧甩旋转放接绳示范如图3-42所示。（以右手持绳、左手抛绳，旋转3圈为例）做好基本准备姿势，绳子由后向前摇起时，双手同时向左侧甩动，左手顺势抛绳（见图3-42a），右手顺时针向左侧旋转绳体（见图3-42b），绳体在左侧旋转第3圈时，左手接住空中手柄（见图3-42c、图3-42d），完成该动作。

2. 动作要领

左手抛绳与右手旋转的发力配合、节奏一致。

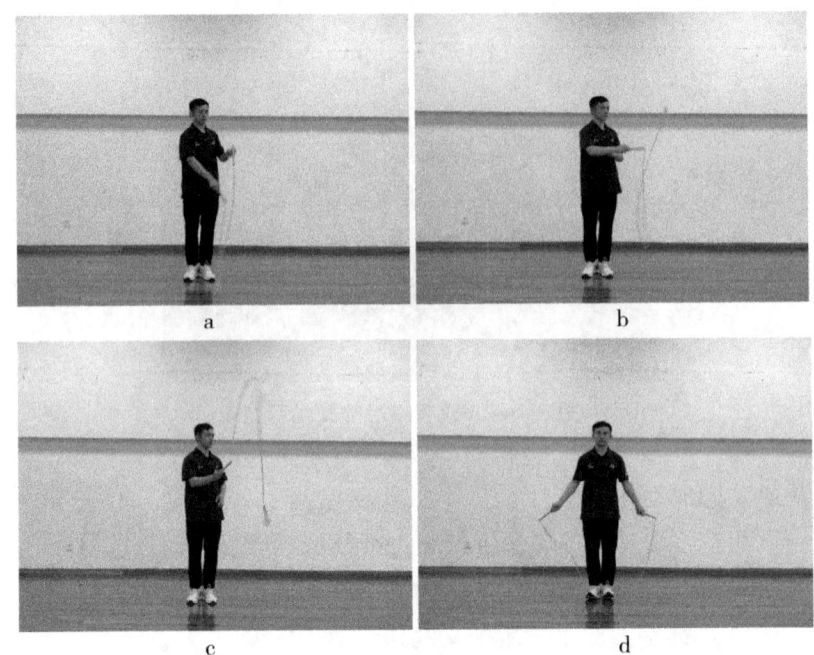

图3-42 侧甩旋转放接绳示范

3. 练习方法提示

（1）练习在地面画平圆。

（2）练习在地面画平圆，然后过渡到斜圆，再到立圆。

（3）练习侧甩后抛绳旋转。

（4）练习完整动作。

二、个人绳多摇技术的动作与训练

（一）左右侧甩直摇三摇跳

1. 动作方法

左右侧甩直摇三摇跳示范如图3-43所示。做好基本准备姿势，绳子由后向前摇起，在人跳起腾空的过程中，完成左右侧甩加直摇动作，图 3-43a 为左侧甩示范、图 3-43b 为右侧甩示范，图 3-43c 为直摇示范。

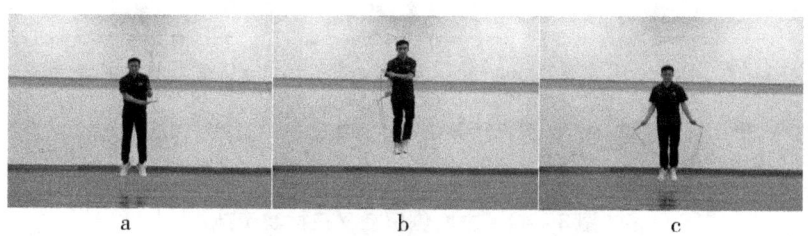

图 3-43　左右侧甩直摇三摇跳示范

2. 动作要领

第 1 拍以身体左侧甩为例，左手在上、右手在下；第 2 拍右侧甩，左手在上、右手在下；第 3 拍直摇时，手尽量贴近身体。

3. 重点与难点

进行多摇动作时，双手发力的配合要与节奏一致，身体直立。

4. 易犯错误与纠正方法

多为摇绳幅度过大，摇绳发力与节奏脱节，不连贯。

纠正方法：进行侧甩—侧甩—直摇快速单摇的练习，主要缩小摇绳的幅度。

5. 练习方法提示

（1）拆解多摇的节奏，加速完成该动作的单摇连接。

（2）徒手起跳，做多摇的模拟摇绳动作。

（3）持绳练习完整动作。

（二）左右侧甩交叉三摇跳

1. 动作方法

左右侧甩交叉三摇跳示范如图 3-44 所示。做好基本准备姿势，绳子由后向前摇起，在人跳起腾空的过程中，完成左右侧甩加体前交叉动作。图 3-44a 为右侧甩示范，图 3-44b 为左侧甩示范，图 3-44c 为体前交叉示范。

图 3-44　左右侧甩交叉三摇跳示范

2. 动作要领

第 1 拍以身体右侧甩为例，左手在上、右手在下；第 2 拍左侧甩，左手在上、右手在下；第 3 拍交叉时，手尽量贴近身体。

3. 重点与难点

进行多摇动作时，双手发力的配合要与节奏一致，身体直立。

4. 易犯错误与纠正方法

多为摇绳幅度过大，摇绳发力与节奏脱节，不连贯。

纠正方法：进行侧甩—侧甩—体前交叉快速单摇的练习，主要缩小摇绳的幅度。

5. 练习方法提示

（1）拆解多摇的节奏，加速完成该动作的单摇连接。

（2）徒手起跳，做多摇的模拟摇绳动作。

（3）持绳练习完整动作。

（三）侧甩直摇直摇三摇跳

1. 动作方法

侧甩直摇直摇三摇跳示范如图 3-45 所示。做好基本准备姿势，绳子由后向前摇起，在人跳起腾空的过程中，完成侧甩加两个直摇动作。图 3-45a 为右侧甩示范，图 3-45b 为第一次直摇示范，图 3-45c 为第二次直摇示范。

图 3-45　侧甩直摇直摇三摇跳示范

2. 动作要领

第 1 拍以身体右侧甩为例，左手在上、右手在下；第 2 拍直摇，左手回到身体左侧，摇动两次，手尽量贴近身体。

3. 重点与难点

进行多摇动作时，双手发力的配合要与节奏一致，身体直立。

4. 易犯错误与纠正方法

多为摇绳幅度过大，摇绳发力与节奏脱节，不连贯。

纠正方法：进行侧甩—直摇—直摇快速单摇的练习，主要缩小摇绳的幅度。

5. 练习方法提示

（1）拆解多摇节奏，加速完成该动作的单摇连接。

（2）徒手起跳，做多摇的模拟摇绳动作。

（3）持绳练习完整动作。

（四）侧甩固定交叉三摇跳

1. 动作方法

侧甩固定交叉三摇跳示范如图 3-46 所示。做好基本准备姿势，绳子由后向前摇起，在人跳起腾空的过程中，完成侧甩加两个交叉动作。图 3-46a 为左侧甩示范，图 3-46b 为第一次体前交叉示范，图 3-46c 为第二次体前交叉示范。

图3-46 侧甩固定交叉三摇跳示范

2. 动作要领

第1拍以身体左侧甩为例,左手在上、右手在下;第2—3拍左右手交叉,左手在上、右手在下,交叉于腹部,摇动两次,手尽量贴近身体。

3. 重点与难点

进行多摇动作时双手发力的配合要与节奏一致,身体直立。

4. 易犯错误与纠正方法

多为摇绳幅度过大,摇绳发力与节奏脱节,不连贯。

纠正方法:进行侧甩—交叉—交叉快速单摇的练习,主要缩小摇绳的幅度。

5. 练习方法提示

(1) 拆解多摇节奏,加速完成该动作的单摇连接。

(2) 徒手起跳,做多摇的模拟摇绳动作。

(3) 持绳练习完整动作。

(五) 侧甩交叉直摇三摇跳

1. 动作方法

侧甩交叉直摇三摇跳示范如图3-47所示。做好基本准备姿势,绳子由后向前摇起,在人跳起腾空的过程中,完成侧甩加交叉加直摇动作。图3-47a为左侧甩示范,图3-47b为体前交叉示范,图3-47c为直摇示范。

图 3-47 侧甩交叉直摇三摇跳示范

2. 动作要领

第 1 拍以身体左侧甩为例，左手在上、右手在下；第 2 拍左右手交叉，左手在上、右手在下，交叉于腹部；第 3 拍直摇，手尽量贴近身体。

3. 重点与难点

进行多摇动作时，双手发力的配合要与节奏一致，身体直立。

4. 易犯错误与纠正方法

多为摇绳幅度过大，摇绳发力与节奏脱节，不连贯。

纠正方法：进行侧甩—交叉—直摇快速单摇的练习，主要缩小摇绳的幅度。

5. 练习方法提示

（1）拆解多摇节奏，加速完成该动作的单摇连接。

（2）徒手起跳，做多摇的模拟摇绳动作。

（3）持绳练习完整动作。

（六）侧甩直摇交叉三摇跳

1. 动作方法

侧甩直摇交叉三摇跳示范如图 3-48 所示。做好基本准备姿势，绳子由后向前摇起，在人跳起腾空的过程中，完成侧甩加直摇加交叉动作。图 3-48a 为左侧甩示范，图 3-48b 为直摇示范，图 3-48c 为体前交叉示范。

图 3-48 侧甩直摇交叉三摇跳示范

2. 动作要领

第 1 拍以身体右侧甩为例，左手在上、右手在下；第 2 拍直摇；第 3 拍左右双手交叉于腹部，手尽量贴近身体。

3. 重点与难点

进行多摇动作练习时，双手发力的配合要与节奏一致，身体直立。

4. 易犯错误与纠正方法

多为摇绳幅度过大，摇绳发力与节奏脱节，不连贯。

纠正方法：进行侧甩—直摇—交叉快速单摇的练习，主要缩小摇绳幅度。

5. 练习方法提示

(1) 拆解多摇节奏，加速完成该动作的单摇连接。

(2) 徒手起跳，做多摇的模拟摇绳动作。

(3) 持绳练习完整动作。

三、个人绳体操、力量技术的动作与训练

（一）前滚翻

1. 动作方法

前滚翻示范如图 3-49 所示。由蹲立姿势开始，两手体前撑

地，重心前移，两腿蹬地、提臀，同时屈臂、低头、含胸屈体向前滚翻，直至成直立姿势时顺势向前摇绳。

图 3-49　前滚翻示范

2. 动作要领

两脚充分蹬地、伸直；翻滚经头后部、颈、肩、背、腰、臀，依次过渡。

3. 重点与难点

腿蹬直，方向正，滚翻动作顺畅圆滑。

4. 易犯错误与纠正方法

（1）滚翻不连贯。

纠正方法：背躺屈膝团身，进行前后摆动。

（2）无法站立，缺乏动力。

纠正方法：加大蹬腿、提臀的发力，同时屈膝团身，借助有一定坡度的运动垫完成。

5. 练习方法提示

（1）原地滚动练习。背部着地，团身抱腿向前滚动成直立。

（2）在保护措施下完成前滚翻。

（3）持绳练习完整动作。

（二）侧手翻

1. 动作方法

侧手翻示范如图3-50所示。由直立姿势开始，左脚向前跨一步，同时两臂上举，上体前倾，顺势将绳体摇动至前方，手撑地前，顺势向右转体90°，右腿后摆；然后，左右手前伸，依次在左脚的延长线上撑地，左腿蹬地后做分腿倒立姿势，要顶肩、立腰；最后，两手依次推地，两脚依次落地。

图3-50 侧手翻示范

2. 动作要领

充分蹬地摆腿，左右手在一条直线上；经分腿倒立，双手撑地，要顶肩、立腰。

3. 重点与难点

身体垂直于地面，手脚在一条直线上。

4. 易犯错误与纠正方法

动作质量差，翻转不连贯等。

纠正方法：练习摆手倒立。

5. 练习方法提示

（1）摆手倒立练习。

(2) 靠墙保护，进行侧手翻练习。

(3) 持绳练习完整动作。

（三）俯卧撑推出

1. 动作方法

俯卧撑推出示范如图3-51所示。做好基本准备姿势，绳子由后向前摇起，人同时下蹲，两手撑地，呈俯卧撑姿势（见图3-51a）；双手推地，利用腰腹肌的力量和上肢的支撑力量推动身体腾空，双手向后，顺势将绳体拉过脚（见图3-51b）。过绳后还原为准备姿势，并脚停绳（见图3-51c）。

图3-51 俯卧撑推出示范

2. 动作要领

双手主动下撑，微屈臂以缓冲；做俯卧撑时，略微向下挺髋，借助反向收腹的惯性力量腾空。

3. 重点与难点

上下肢、核心协调发力。

4. 易犯错误与纠正方法

蹲撑时，绳体过于靠近身体，不便于双手向后拉动绳子。

纠正方法：下蹲时，双手同时向前延伸，使绳体减速，平稳成"U"形至体前地面。

5. 练习方法提示

(1) 双手撑地，连续收腹跳。

(2) 双手撑地推手,腾空连续收腹跳。
(3) 持绳练习完整动作。

(四) 前撑推出

1. 动作方法

前撑推出示范如图 3-52 所示。做好基本准备姿势(见图 3-52a),绳子由后向前摇起,当绳体摇至前面时两臂自然下撑,单脚向上摆成倒立状(见图3-52b);姿势身体反弓;双腿发力向后方弹动,同时顶肩、推手,使身体腾空,双手顺势向后拖动绳体过脚(见图 3-52c),过绳后还原准备姿势,并脚停绳(见图 3-52d)。

图 3-52 前撑推出示范

2. 动作要领

双手主动下撑，控制摆腿幅度；身体成反弓姿势，以便下一步向后拖动绳子并还原成直立姿势。

3. 重点与难点

上下肢、核心协调发力。

4. 易犯错误与纠正方法

蹲撑时，绳体过于靠近身体，不便于双手向后拉动绳子。

纠正方法：双手撑地前，双手向前延伸，使绳体减速，平稳成"U"形至体前地面。

5. 练习方法提示

（1）靠墙前撑倒立。

（2）靠墙前撑倒立、推手并脚落地。

（3）持绳练习完整动作。

四、交互绳技术的动作与训练

（一）交互绳摇绳

1. 动作方法

两人相向站立，两人异侧的手分别持同一条绳，依次交替向内摇绳画圆（左手顺时针画圆、右手逆时针画圆）。

（1）交互绳握绳示范如图 3-53 所示。大臂自然放松，竖直向下，小臂朝前，大拇指竖直按住绳柄朝前，四指在与绳柄垂直方向虚握绳柄，掌心相对。

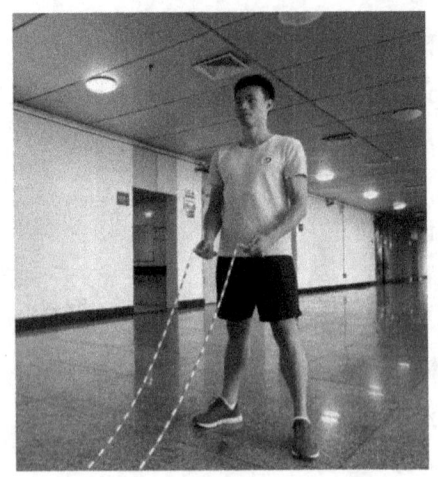

图3-53 交互绳握绳示范

（2）交互绳摇绳者的站位示范如图3-54所示。

图3-54 交互绳摇绳者的站位示范

2. 动作要领

大臂自然放松，以肘关节为轴，两手小臂在胸口依次一上一下交替画圆；绳子在最高点位置时，大拇指的位置平齐于鼻尖；绳子在最低点位置时，大拇指的位置平齐于髋关节；双手画圆时，双手最前端不超过身体的中轴线。

3. 重点与难点

两人的手臂动作协调、统一，手臂保持匀速画圆，始终一上一下摇动。

4. 易犯错误与纠正方法

（1）手腕用力或两手用力的节奏不一致，导致绳子弧度不饱满，易往下塌。

纠正方法：①两人面对面，握住对方的手，模拟摇绳练习；②两人握住空绳柄，模拟摇绳练习。

（2）两根绳子打在一起。

纠正方法：两人持短绳练习摇绳动作，熟练后慢慢加长绳子的长度。

5. 练习方法提示

（1）原地徒手练习摇绳，注意摇绳的节奏和手的位置。

（2）两人持短绳进行摇绳练习。

（3）加长绳子，两人持绳配合练习完整动作。

（二）交互绳的进出绳

1. 动作方法

（1）交互绳进绳示范如图3-55所示。交互绳摇绳者正向基本摇绳，跳绳者待近端绳（距离跳绳者最近的绳）摇至空中最高点时向前跨一步，做进绳准备，待近端绳打地时，迅速跳入绳中。

图 3-55　交互绳进绳示范

（2）交互绳基本跳示范如图 3-56 所示。跳绳者进绳后，双脚并拢，前脚掌着地，膝盖微屈，根据摇绳节奏依次起跳。

图 3-56　交互绳基本跳示范

（3）交互绳出绳示范如图 3-57 所示。绳：跳绳者进绳后，进行基本跳，在近端绳打地的瞬间，迅速往前跳出绳外。以一个 8 拍为例，跳绳者双数节拍向前跨步进绳，单数节拍向前跳过近端绳，完成出绳动作。

图 3-57 交互绳出绳示范

2. 动作要领

进绳时，注意摇绳节奏与绳体运行的位置，把握进绳时机。进绳后，起跳跟随摇绳节奏，注意起跳不要过高，在近端绳体打地的瞬间立即向前跳过，完成出绳动作。

3. 重点与难点

进出绳时机的把握与在绳内基本跳的节奏掌控。

4. 易犯错误与纠正方法

（1）绳子打在身上，造成进绳失误。

纠正方法：①摇绳者只摇近端绳，跳绳者模拟进绳；②数节拍，跳绳者跟随节拍进绳。

（2）跳绳者在绳中进行基本跳时，跳得太高，导致失误。

纠正方法：①跳绳者在绳外进行模拟练习跳跃动作；②跳绳者在绳内跳跃时，跟随摇绳者摇绳打地进行节奏跳跃练习；③摇绳者与跳绳者都跟随音乐节奏进行摇跳练习。

5. 练习方法提示

（1）练习原地徒手摇跳。

（2）摇绳者与跳绳者数节拍进行配合练习。

（3）摇绳者与跳绳者跟随音乐节奏进行配合练习，逐渐加快节奏。

第四章　跳绳竞赛的组织与规则

第一节　跳绳竞赛的基本要求

一、赛前要求

（一）比赛场地

（1）计数赛场地：5米×5米；3分钟10人长绳"8"字跳项目要求2名摇绳队员，2人间距不小于3.6米（见图4-1）。

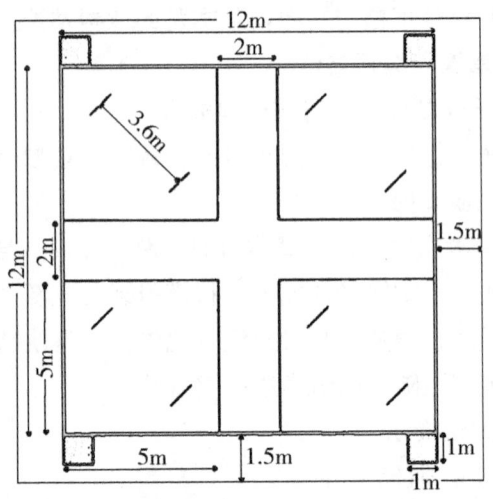

图4-1　跳绳比赛场地示意（单位：米）

资料来源：全国跳绳推广委员会组编《全国跳绳运动竞赛规则》，2020年。

（2）正式比赛场地的地面须平整光滑，应为优质木地板或塑胶弹性地面，无影响比赛的隐患。比赛场地四周至少有3米宽的无障碍区；比赛区上空的无障碍空间，至少与地面保持4米的高度。

（3）比赛场地界线宽为5厘米，线宽不包括在场地内，颜色应与场地有明显区别。

（4）裁判席设在裁判区内。裁判区为比赛场地周围3米区域，离观众席至少2米。

（5）在队员比赛的同时，教练员及其他参赛人员应在指定区域。

（二）比赛器材

（1）比赛用绳及其他设施设备须经赛事组委会审定。

（2）绳体及手柄的长短、粗细、颜色、形状、结构、材料和重量不限，也可使用不带手柄的绳具。

（3）不可使用外部助力器材。

（4）比赛用绳不得有安全隐患和影响裁判员判断的饰物。

（5）在个人绳的比赛中，每名队员只能使用1根绳子。

（三）比赛服装

（1）队员服装修饰要适度，不能影响运动，可穿短袖或无袖运动衫、短裤或裙裤；必须穿运动鞋上场比赛，以保护双足。

（2）队员上衣胸前的中间位置应佩戴组织者指定的参赛号码布，号码布规格不大于24厘米（长）×20厘米（宽）。比赛服上可标有队名、赞助商标志，标志的最大面积为30平方厘米。

（3）服装上不得带有不文雅或与本项运动不符的设计或字样。

（4）不得佩戴妨碍比赛安全的任何饰物、挂件。

（四）比赛口令

计数赛比赛：指令均采用电子播音，比赛开始口令为"裁判员准备——队员准备——预备——跳（或哨音）"，结束口令为"停（或哨音）"，比赛中间会有阶段性时间提示。

（五）赛场礼仪

队员在听到点名时以及在完成比赛前后，应向主裁判行礼。

1. 个人绳绳礼

队员右脚站立，左脚脚跟着地，脚心踩住绳子中间位置，两手各握一绳柄拉绳于身体两侧，鞠躬示意。

2. 长绳类绳礼

队员右脚站立，左脚脚跟着地，脚心踩住绳子中间位置，队伍两外端的参赛队员用外侧手握绳柄向体侧拉绳，统一鞠躬示意。

（六）比赛顺序

在总裁判长的监督下，由编排记录组组织队员抽签决定比赛顺序。决赛的比赛顺序按照预赛成绩由低到高排定。若预赛名次相同，则由编排记录组抽签决定决赛的顺序。

（七）检录

队员须在赛前 30 分钟到达指定地点报到，并检查服装和绳具。赛前 20 分钟进行第一次检录，赛前 10 分钟进行第二次检录。

（八）弃权

（1）超过检录时间 5 分钟未到场，按弃权处理。

（2）超过比赛时间1分钟不能上场比赛，按弃权处理。

（3）比赛中若队员受伤，经治疗后不能继续比赛，则判受伤队员弃权。

（九）失误

1. 轻微失误

轻微失误是指在比赛中出现绳子绊脚、绳子触碰到跳绳者或摇绳者身体、遗忘动作等情况而使动作延迟或停顿不多于2秒的失误。

2. 严重失误

严重失误是指在比赛中出现绳子缠住队员的身体、两根或多根绳子缠在一起、绳子把柄掉落、遗忘动作、鞋子脱落、倒地等情况而使动作延迟或停顿多于2秒的失误。

（十）犯规

1. 时间犯规——抢跳

所有计数赛项目都不允许抢跳。在比赛开始、口令未下达前，队员的身体和绳子必须保持静止状态，否则视为抢跳。出现抢跳后，比赛将继续进行。在比赛结束后，每抢跳一次，将在最后应得数成绩中扣除10个。

2. 踩线或出界犯规

在计数赛中，如果队员踩线或出界（包括3分钟10人"8"字跳的3.6米线），计数暂停，主裁判提醒其回到规定场地继续比赛，再累积计数，时间不间断。

3. 比赛无效

在计数赛中，每名队员在同一场比赛中只能采用一种跳绳姿势，不得变换。否则，由主裁判判罚其比赛成绩无效，并取消其本项目的比赛资格。

（十一）申诉

队员对裁判员的裁决有争议时，由领队或教练员在比赛结束后30分钟内以书面形式向仲裁委员会提出申诉，同时需交纳申诉费。以仲裁委员会的判决为终审裁决。

（十二）参赛人员规定

参赛人员须认真遵守组委会的各项规定，保持良好的赛风赛纪，并遵守以下8项规定。

（1）参赛人员必须身体健康，并经医院体检合格。

（2）各运动队应公平竞争，服从裁判的判罚。

（3）任何参赛人员不得在比赛期间对裁判人员施加影响和干扰；不得向裁判人员赠送礼品或礼金等。

（4）参赛人员不得以任何形式对场上队员进行提示或指导。

（5）每名队员每次只能代表一支队伍参赛，违者将被取消比赛资格。

（6）拍照时禁止使用闪光灯等影响队员比赛的器材。

（7）参赛人员不得服用兴奋剂。

（8）参赛人员应尊重他人，在发挥自身最高水平的同时，也要为别人的成功与进步喝彩。

二、单项计分细则

（一）30秒单摇跳

1. 目标

在30秒内完成尽可能多的单摇跳次数。

2. 口令

"裁判员准备——队员准备——预备——跳（或哨音）——

10——20——停（或哨音）"。

3. 技术要求

（1）队员双手摇绳，双脚以同步跳或轮换跳的方法跳绳，每跳起一次，绳跃过头顶并通过脚下绕身体一周（360°）。

（2）按裁判口令要求，队员和绳都应从静止准备动作开始，并在指定的场地内完成比赛才算为有效动作。

（3）队员如有抢跳行为，将从其最后应得数成绩中扣除10个。

（4）失误不扣分，但失误次数将被记录。

4. 计分方法

双脚同步跳累计成功通过脚下的次数；双脚轮换跳累计通过右脚脚下的次数，再乘以2。

（1）应得数。每场比赛由3名裁判员计数（建议使用计数器），若3名裁判员计数存在差异，将采用以下4个方法来计数：①以两个相同计数为准。②若各不相同且最高值与最低值之间差值为X，且$X \leqslant 5$个，则采用对选手相对有利的计分方式，计算差值最小的两个较高成绩的平均值［如153，155，157，那么$(155+157)/2=156$，$T=156$］。③若最高值与最低值之间差值满足$5<X\leqslant 7$，则计算差值最小的两个较高成绩的平均值，且主裁判将向赛事主管以书面形式说明该情况［如132，135，138，那么$(135+138)/2=136.5$，$T=136.5$］。④若每位裁判给出的速度跳最终成绩差异均>3（如80，84，88，最高值与最低值之间差值$X>7$），则选手在竞赛委员会不能提供录像证据的情况下可要求重跳。如果选手选择重跳，则记录重跳成绩。在重跳过程中，两名额外的速度跳裁判将介入检查之前3名裁判的计数结果。如果选手不选择重跳，且竞赛委员会不能够提供视频证据，那么取差值最小的两个较高成绩的平均值作为成绩（如之前例子中的80，84，88，应记86）。若竞赛委员会能够提供视频证据，那么原来的 3 名裁判以及两名额外裁判将会根据比赛中或赛后视频，判定最终成绩。

根据实际比赛中的需求，也可采用以下计分方法：若 3 名裁判员计数存在差异，以两个相同计数为准；若各不相同，取 3 个计数的平均值，将该平均值计为队员该场比赛的应得数。如果 3 个计数中，其中任何 2 个计数的误差在 10 个或者以上，则队员可以申请重赛。重赛时间安排在下一轮次结束后。

（2）最后有效次数。计数应得数减去主裁判判罚的犯规应扣次数，为队员的最后有效次数。

（3）名次确定。比赛成绩按最后有效次数确定，次数多者名次列前；如次数相等，则以失误少者名次列前；如仍相等，则名次并列。

（二）30 秒双摇跳

1. 目标

在 30 秒内完成尽可能多的双摇跳次数。

2. 口令

"裁判员准备——队员准备——预备——跳（或哨音）——10 秒——20 秒——停（或哨音）"。

3. 技术要求

（1）队员双手摇绳，双脚同时起跳，每跳起一次，绳跃过头顶通过脚下绕身体两周（720°）。

（2）按裁判口令要求，队员和绳都应从静止准备动作开始，并在指定的场地内完成比赛才算为有效动作。

（3）队员如有抢跳行为，将从其最后应得数成绩中扣除 10 个。

（4）失误不扣分，但失误次数将被记录。

4. 计分方法

双脚同步跳累计成功次数。其他同 30 秒单摇跳。

（三）30秒间隔交叉单摇跳

1. 目标

在30秒内完成尽可能多的间隔交叉单摇跳。

2. 口令

"裁判员准备——队员准备——预备——跳（或哨音）——10秒——20秒——停（或哨音）"。

3. 技术要求

（1）队员双手摇绳，第一次单摇过绳为双手体前交叉，第二次单摇过绳为直摇，称作间隔交叉单摇跳，两个动作先后完成为成功一次。

（2）按裁判口令要求，队员和绳都应从静止准备动作开始，并在指定的场地内完成比赛才算为有效动作。

（3）队员如有抢跳行为，将从其最后应得数成绩中扣除10个。

（4）失误不扣分，但失误次数将被记录。

4. 计分方法

第一次单摇过绳为双手体前交叉，第二次单摇过绳为直摇，两个动作先后完成为成功一次，累计队员跳绳成功次数（以队员交叉过绳为参照）。

（四）30秒双人一带一单摇跳

1. 目标

在30秒内完成尽可能多的一带一单摇跳。

2. 口令

"裁判员准备——队员准备——预备——跳（或哨音）——10秒——20秒——停（或哨音）"。

3. 技术要求

（1）一名队员双手摇绳，另一名队员在持绳队员体前（或者体后),每跳起一次,绳同时跃过两名队员头顶并通过脚下绕身体一周(360°)。

(2) 按裁判口令要求,队员和绳都应从静止准备动作开始,并在指定的场地内完成比赛才算为有效动作。

(3) 队员如有抢跳行为,将从其最后应得数成绩中扣除10个。

(4) 失误不扣分,但失误次数将被记录。

4. 计分方法

累计两名队员跳绳共同成功次数(持绳队员为参照,方法同30秒单摇累计右脚成功次数)。其他计分方法同30秒单摇跳。

(五) 3分钟10人长绳"8"字跳

1. 目标

在3分钟内,2名队员同步摇单长绳,其他8名队员依次以"8"字路线绕摇绳队员,并尽可能多地完成跑跳进出绳。

2. 口令

"裁判员准备——队员准备——预备——跳(或哨音)——30秒——1分钟——30秒——2分钟——30秒——45秒——停(或哨音)"。

3. 技术要求

(1) 2名摇绳队员间距不小于3.6米。

(2) 队员必须依次以"8"字形跑跳穿越长绳。

(3) 按裁判口令要求,队员和绳都应从静止准备动作开始,并在指定的场地内完成比赛才算为有效动作。

(4) 失误不扣分,但失误次数将被记录。

4. 计分方法

队员无论采用何种方式,均须依次以"8"字路线跑入绳中跳跃,再成功跃出长绳,成功跑跳进出绳计数1次,在3分钟内累积成功次数为最后成绩。其他计分方法同30秒单摇跳。

第四章 跳绳竞赛的组织与规则

第二节　花样跳绳竞赛的规则

当前，对于花样跳绳的分类并没有统一的标准。大多数研究者根据计时计数情况、花样情况、表演情况、绳子长度、参与人数、使用绳子的数量、摇绳子的次数或方向等因素进行归类。本节主要介绍单人花样跳绳、双人花样跳绳及多人花样跳绳的竞赛规则。

一、花样跳绳项目介绍

（一）单人花样跳绳

一名跳绳者用一根个人绳，按照跳绳运动的基本规律，合理运用身体姿势的变化或人绳之间的配合，做出各种各样的花样动作，全面展示个人跳绳的技巧性和艺术性，即为单人花样跳绳。单人花样跳绳分为基本花样、交叉花样、多摇跳花样、力量型花样和抛接绳花样5个类别。

（二）双人花样跳绳

在跳绳运动中，两人以任何方式协同跳一根绳子，叫作"双人一绳花样跳"。双人花样跳绳动作多样，极具娱乐性和互动性，特别适合家人、队员、同事、朋友等的互动。双人花样跳绳包括带人跳和同摇同跳等。

（三）车轮跳

车轮跳又名中国轮，它是一种两人或两人以上相互配合、轮流进行跳绳的新型跳绳方法。由于跳绳者轮流进行跳绳，从侧面看就像车轮在转动，故得其名。

（四）交互绳

两名摇绳者分别握住两根绳子的手柄，两根绳子向相同或相反方向依次打地，同时跳绳者做出各种技巧性动作，跳绳者和摇绳者的身份可以相互转换。

（五）长绳花样

长绳花样是指通过一根或多根短绳与一根或多根长绳的组合，绳中有绳，变化万千，精彩纷呈，属于集体项目，要求参加者动作协调统一，齐心协力，考验跳绳者之间的相互协作精神。

二、评分细则[①]

花样跳绳竞赛是指参赛选手在规定的时间内按照跳绳运动的基本规律，合理运用身体姿势的变化或人、绳之间的配合，凭借参赛选手的想象力和创造性，将各跳绳技术动作有机地融合在一起，通过完成有效动作来全面展示多个花样跳绳项目的技巧性和艺术性。它包括个人绳花样、车轮绳花样、交互绳花样，可自配音乐。

有效动作指参赛选手在指定的场地内完成的动作；单人花样跳绳每人只限一绳，车轮花样每人一绳，交互绳花样每队一副绳子，不能添加其他器材或特殊装备；在两人（或以上）团体个人绳花样中，只有动作同步时才评判难度分，车轮跳动作不予评分；比赛中鞋带若出现松散，裁判将停止评分，直至队员系好鞋

---

① 参见国家体育总局社会体育指导中心《全国跳绳运动竞赛规则》2020年。

带后，裁判继续评分。

（一）个人花样赛的评分规则（满分100分）

在个人花样比赛中，裁判会根据参赛运动员的缠绕动作、放绳动作、多摇周数、力量、绳子的控制以及组合动作的呈现来综合评定。个人花样比赛的评分因素可归纳总结为三个部分，分别是：动作难度、创意编排和规定动作。

1. 动作难度（50分）

个人花样的难度动作分为：基本动作、交叉动作、多摇动作、体操动作、力量动作、放绳动作和配合动作。技术动作难度等级（难度动作）分为一至六级。过量的三（四）级动作，每个可以换算为1.5个二（三）级动作。重复出现的动作不会被重复计算，除非该动作以不同的特殊交叉组合出现的；正摇动作和反摇动作不算重复，难度等级一致，双手在背后的反摇动作难度等级比正摇高1级（双手背交叉、双手膝后交叉、一手膝后一手背后交叉）。

任何一个难度动作都属于以上其中一个类别。个人花样的动作难度分值如表4-1所示。

表4-1 个人花样赛动作难度分值计算

	类别	一级	二级	三级	四级	五级	六级
个人花样	分值	—	3/(1.5×1.5×1.5)	3/(1.5×1.5)	3/1.5	3	3×1.5
	最高分（分）	—	10	20	30	—	—
	满分个数（个）	—	12	15	15	—	—

注：裁判需要记录二级和二级以上的难度动作数量，每两个相邻难度之间的分值系数为1.5倍，例如，一个五级动作的难度分值为3分，一个六级动作的难度分值为3×1.5=4.5分，一个四级动作的难度分值为3÷1.5=2分。

（1）基本动作。双手分别在对应体侧位置打开的一跳一摇（单直摇）、两跳一摇都属于基本动作。基本动作单独出现时没有难度等级，如果和体操、力量、放绳等动作组合出现，可算作一级难度动作。在基本动作中出现清晰的步法变换都属于一级难度动作。裁判评分时不记录任何一级难度动作。

（2）交叉动作。交叉动作指队员在完成两跳一摇或一跳一摇动作时，手臂与手臂或手臂与身体其他部位出现交叉动作的单摇或跳绳花样。交叉动作难度的等级如表 4-2 所示。

表 4-2 交叉动作难度的等级

难度等级	动作要求
一级	基本交叉单摇跳
二级	1. 一手或两手在胯下或身体其他部分的交叉单摇动作； 2. 异侧胯下交叉（toad），前后交叉（EB），膝后交叉（AS），膝后背后交叉（CL），同侧胯下交叉（inverse toad），双手单腿下交叉（elephant toad），两腿落地的异侧胯下交叉（weave），两腿落地的同侧胯下交叉（inverse weave），背交叉（TS），膝后颈后交叉（KN），双腿胯下交叉（caboose cougar）和双腿胯下直摇（caboose）
三级	1. 两手在身后的反摇交叉单摇动作，如反摇背交叉（TS）、反摇膝后交叉（AS）和反摇膝后背后交叉（CL）； 2. 手臂在限制位的特殊交叉后续的打开动作，如：异侧胯下限制交叉打开（toad open）、同侧胯下限制交叉打开（inverse toad open）、双腿胯下交叉打开（caboose cross open）和双腿胯下直摇打开（caboose open）； 3. 两手由特殊位置的交叉动作连续变换的第二个特殊交叉动作，如 AS—CL, toad-elephant toad, inverse toad-elephant toad。 注：如果变换期间两个动作之间出现打开动作，则不增加难度；toads 为二级难度

续表 4-2

难度等级	动作要求
四级	1. 连续完成的第二个对称的特殊交叉动作，如由左手在内抬右腿的异侧胯下交叉跳（toad）直接变成的右手在内抬左腿的 toad、第二个对称的同侧胯下直摇（cougar）和第二个对称的异侧交叉胯下（inverse toad）； 2. 手臂交叉方式不变，两腿互换的第二个特殊交叉动作，如抬右脚（inverse toad）变为抬左脚（toad）为二至四级难度； 3. 后摇三级的特殊交叉的连续转换，同时两手的上下位置发生转变，第二个特殊交叉增加一个难度等级，如后摇 CL（右手在上）变为 AS（左手在上）为三至四级难度

（3）多摇动作。多摇动作指跳起时，绳子在空中至少经过脚下两次的跳绳动作。双摇为一级难度、三摇为二级难度、四摇为三级难度，以此类推，如表 4-3 所示。

表 4-3　多摇动作增加难度对照

增加难度级别	难度动作
增加一级	1. 含有基本交叉的多摇跳，难度等级增加一级； 2. 如果在完成多摇跳时，身体在垂直方向完成一个 360°旋转，那么难度等级额外增加一级； 3. 以二级动作落地的多摇跳，难度等级增加一级
增加二级	1. 以三级动作落地的多摇跳，难度等级增加二级； 2. 空中完成一个二级难度动作，难度等级增加二级
增加三级	1. 以四级动作落地的多摇跳，难度等级增加三级； 2. 空中完成一个三级难度动作，难度等级增加三级
增加四级	1. 以五级动作落地的多摇跳，难度等级增加四级； 2. 空中完成一个四级难度动作，难度等级增加四级

（4）体操动作。体操动作是指连接、穿插与跳绳动作连贯配合的体操动作，其难度等级与动作要求如表 4-4 所示。

表4-4 体操动作的难度对照

难度等级	动作要求
一级难度	与跳绳动作连贯配合的绳子没有过脚的简单体操动作,如在完成侧手翻时绳子没有过脚
二级难度	与跳绳动作连贯配合的绳子过脚的简单体操动作,在原动作难度等级上加一级难度。例如,前滚翻时过绳子的动作为二级难度
三级难度	难度略大的体操动作配合跳绳动作过身体完成的,在原地动作基础上加二级难度。例如,前、后手翻时过绳子的动作都为三级难度
四级难度	完全腾空的体操动作配合跳绳动作过身体完成的,在原动作基础上加三级难度。例如,前、后空翻时过基本单摇、双摇的动作都为四级难度
五级难度	完全腾空的体操动作配合特殊跳绳动作过身体完成的,在原动作基础上加四级难度。例如,前、后空翻时过特殊双摇以上的动作都为五级难度

（5）力量动作。力量动作是指从力量动作开始或以力量动作结束的、与跳绳动作连贯配合的动作。做力量动作,绳子须过身体。从跳绳动作进入力量动作和从力量动作出来做跳绳动被记为不重复的动作。

（6）放绳动作。放绳动作是指在完成跳绳动作时,连接和穿插单、双手放绳动作的花样。其难度级别如表4-5所示。

表4-5 放绳花样的难度级别

难度级别	动作要求
二级难度	一手从地上或者身上接住一个不完全旋转的跳绳手柄,或者从空中接住一个不旋转的手柄

续表 4-5

难度级别	动作要求
三级难度	一手从空中接住一个旋转的跳绳手柄，或者两手从空中接住两个不旋转的跳绳手柄
四级难度	从空中接住两个旋转的跳绳手柄，或者一手在限制位接住一个旋转的跳绳手柄；身体在腾空时一手接住一个旋转的跳绳手柄，并且于落地前绳子过身体
五级难度	接住两个空中旋转的手柄，并且其中一手在限制位接住手柄。身体在腾空时，一手在限制位接住一个空中旋转的手柄，并且在落地前绳子过身体
六级难度	其他更难的放绳动作都是六级

2. 创意编排（40 分）

创意编排（40 分）＝音乐运用（15 分）＋场地移动（5 分）＋完成质量（10 分）＋娱乐价值（10 分）。

（1）音乐运用（15 分）。要求队员随着音乐的节拍及音乐的旋律展现出丰富多彩的跳绳动作，具体评分如表 4-6 所示。

表 4-6 音乐运用的对应分值

分值	动作合拍性
0 分	所有时间都不跟拍子
1～1.5 分	极少时间跟上拍子
1.5～3 分	少部分时间跟上拍子
3～4.5 分	一半时间跟上拍子
4.5～6 分	大部分时间跟上拍子
6～7.5 分	绝大部分时间跟上拍子
7.5 分	所有时间跟上拍子

（2）场地移动（5 分）。场地移动考验队员在移动中完成动

作的能力，满分5分，具体评分如表4-7所示。

表4-7 场地运用的对应分值

分值	场地运用
0分	没有移动
0~1分	极少移动
1~2分	偶尔移动
2~3分	一半时间移动
3~4分	大部分时间移动
4~5分	绝大部分时间在移动

（3）完成质量（10分）。完成质量包括动作方法正确，技术规范，身体姿势或绳子弧度饱满，动作之间连接、转换自然流畅，无多余动作。

（4）娱乐价值（10分）。此项分值取决于比赛的创意性、艺术感、新奇性、原创性、娱乐感及对观众的吸引力，其对应分值如表4-8所示。

表4-8 娱乐价值对应分值

分值	娱乐价值
0~2分	毫无亮点
2~4分	有1次亮点
4~6分	有2次亮点
6~8分	有3次亮点
8~10分	有4次亮点
10分	有5次或以上亮点

3. 规定动作（10分）

规定动作满分为10分：规定动作得分（个人）＝所得分

数×10/14；规定动作得分（团体）＝所得分数×10/16。其对应分值如表4-9所示。

表4-9　规定动作的对应分值

分值	动作描述
3分	3组快速步伐，要明显快于音乐节拍，每组一个8拍，包括侧甩、多摇、交叉等其他摇绳技巧。
3分	3组清晰独立的多摇（至少三摇）动作，每组至少4个，两组动作之间至少间隔其他类别3个技术动作
3分	3个不同的体操动作
3分	3个不同的力量动作
3分	3个不同的缠绕动作
3分	3个不同的放绳动作
3分	3个不同的清晰独立的配合动作（个人绳团体）

注：个人花样规定元素动作满分14分，团体花样满分16分，规定元素在花样赛当中不是必须要得到最大的21分。

（二）车轮跳花样的评分规则（满分100分）

车轮跳比赛的分数由动作难度、创意编排和规定动作三个部分构成。

1. 动作难度（50分）

车轮跳花样依据的难易程度，从简到难共分为5个难度等级。重复出现的动作不会被重复计分。其动作难度等级分值如表4-10所示。

表4-10 动作难度等级的对应分值

难度等级		一级	二级	三级	四级	五级
车轮花样	分值	—	3/(1.5×1.5×1.5)	3/(1.5×1.5)	3/1.5	3
	最高分（分）	—	10	20	—	30
	满分个数（个）	—	12	15	—	15

车轮跳花样难度动作分为基本动作、交叉动作、转体动作、换位动作、多摇动作、体操力量动作和放绳动作七大类。

（1）基本动作。基本动作是指原地直体完成的单摇车轮跳动作，包括同面的正、反向摇绳，异面摇绳及在此基础上的步法变化。基本动作均属于一级难度。

（2）交叉动作。交叉动作是指手臂与手臂或手臂与身体其他部位出现交叉的动作。其难度级别及动作要求见表4-11所示。

表4-11 交叉动作的对应难度

难度级别	动作要求
二级难度	基本交叉单摇花样
三级难度	特殊体位交叉单摇花样

（3）转体动作。转体动作是指完成动作时，单人或双人出现肢体相对位置转动时的车轮跳花样。①转体动作为内转一周（一人或两人同时往侧转体一周）时，单独出现为一级难度，和其他动作组合出现且转体者未过绳，则在另一个动作的难度等级基础上减一级，如交叉＋内转360°的难度等级为一级。②两人同时转体时转体者有过绳，难度等级为二级。有过绳的转体动作

和其他动作组合时，难度和另一动作保持不变，如直摇同向转体难度为二级，交叉+外转360°的难度等级为二级。

（4）换位动作。换位动作是指完成动作时，单人或双人出现肢体相对位置变换的车轮跳花样。若完成动作时出现换位，则在原动作难度等级上加一级。

（5）多摇动作。多摇动作是指上述动作以多摇形式出现。双摇和三摇动作在原动作难度等级上加1级，四摇动作在原动作难度等级上加二级。

（6）体操力量动作。①体操力量动作是指一人或两人在跳车轮跳的同时出现体操或者力量动作。出现单人力量动作的，在原动作基础上加二级，如一人摇一人单手前撑的难度等级为二级。②出现简单体操动作的，在原动作基础上加二级，如一人侧手翻一人内转360°的难度等级为三级。③出现腾空的体操动作的，在原动作基础上加三级，如一人前空翻一人内转360°的难度等级为四级。

（7）放绳动作。放绳花样是指在完成跳绳动作时，连接、穿插单、双手放绳动作的花样。不同难度级别及动作要求如表4-12所示。

表4-12　放绳动作的对应难度

难度级别	动作要求
二级难度	从地上或者身上接住一个不完全旋转的手柄或者从空中接住一个不旋转的手柄
三级难度	从空中接住一个旋转的或者从空中接住两个不旋转的手柄
四级难度	在空中接住两个旋转的或者在限制位接住一个旋转的手柄，身体腾空时接住一个旋转的手柄，并且落地前绳子过身体
五级难度	身体在腾空时有一只手在限制位接住两个空中旋转的手柄，一只手在限制位接住一个空中旋转的手柄，并且落地前绳子过身体

2. 创意编排（40 分）

创意编排（40 分）＝音乐运用（15 分）＋场地移动（5 分）＋完成质量（10 分）＋娱乐价值（10 分）

创意编排各部分计分方法同"个人绳单花样赛"评分规则。

3. 规定动作（10 分）

规定动作满分 10 分，具体计分方法如表 4-13 所示。

表 4-13 规定动作的对应分值

分值	动作描述
3 分	3 组清晰独立的交叉组合（两人动作种类可以相同也可以不同，中间不可有单摇过渡）动作，每组至少 3 个
3 分	1 组反摇组合，每组至少 3 个动作
3 分	3 个不同的换位动作（基本换位除外）
3 分	1 个放绳动作
3 分	2 个不同的多摇动作
1 分	1 个体操动作
1 分	1 个力量动作
1 分	1 组异面组合，每组至少 3 个动作

注：车轮跳花样规定元素动作满分 10 分，规定元素在花样赛当中不是必须要得到最大的 18 分。

（三）交互绳花样的评分规则（100 分）

交互绳花样的评分规则由动作难度、创意编排和规定动作三部分构成。

1. 难度（50 分）

交互绳花样技术动作按难易程度从低到高分为一至五级，一级最低，五级最高。过量的三（四）级动作，每个可以换算为 1.5 个二（三）级动作。交互绳花样动作的难度等级分值计算如

表 4-14 所示。

表 4-14 动作难度等级的对应分值

类别		一级	二级	三级	四级	五级
车轮花样	分值	—	3/(1.5×1.5×1.5)	3/(1.5×1.5)	3/1.5	3
	最高分（分）	—	10	20	30	—
	满分个数（分）	—	12	15	15	—

2. 创意编排（40 分）

交互绳创意分（40 分）＝音乐运用（15 分）＋场地运用（2.5 分）＋完成质量（7.5 分）＋娱乐价值（10 分）＋互动环节（5 分）

（1）音乐应用（15 分）。音乐应用部分计分方法与个人花样赛相同。

（2）场地运用（2.5 分）。场地运用部分的对应分值如表 4-15 所示。

表 4-15 场地运用的对应分值

分值	场地运用
0 分	没有移动
0~0.5 分	极少移动
0.5~1 分	偶尔移动
1~1.5 分	一半时间移动
1.5~2 分	大部分时间移动
2~2.5 分	绝大部分时间在移动

(3) 完成质量 (7.5分)。每次轻微不足扣除0.2分，严重不足扣除0.4分。

(4) 娱乐价值 (10分)。娱乐价值部分的计分方法与个人花样赛相同。

(5) 互动环节 (5分)。互动环节是指跳绳者与摇绳者之间的互动（除基本换接绳外），其计分方法如表4-16所示。

表4-16 互动环节的分值对照

分值	互动次数
0~1分	没有互动（根据基本换接绳的次数给分）
1~2分	有1次互动
2~3分	有2次互动
3~4分	有3次互动
4~5分	有4次互动
5分	有5次或以上互动

3. 规定动作 (10分)

规定动作满分为10分，规定动作得分＝所得分数×10/16。其计分方法如表4-17所示。

表4-17 规定动作的分值对照

分值	动作描述
8分	8个不同的摇绳动作（不包括多摇、车轮类摇绳）
2分	一个8拍的速度步法得1分，若完成两个8拍的速度步法得2分
5分	5组不同的摇跳转换
3分	3个不同的体操动作（至少1个空翻）
2分	1组放绳动作，放绳至少放出1个手柄，在空中抓住绳柄没有明显的停顿

续表 4-17

分值	动作描述
2 分	2 组跳绳者的互动，不包括跳绳者和摇绳者之间的互动配合，互动动作至少为 2 级难度，互动动作的完成，必须是两名跳绳者同时完成，或者是一名跳绳者必须协助另一名跳绳者完成

注：交互绳花样规定元素动作满分 16 分，规定元素在花样赛当中不是必须要得到最大的 22 分。

第三节　跳绳竞赛活动的组织

跳绳作为一项器材简单、占地面积小、安全系数高的体育项目，非常适合校内开展的各种形式的比赛。跳绳竞赛活动无需专业场地、时间自由、规模可大可小、目标人群广泛，能够很好地达到全民强身健体的目的。接下来，我们将阐述如何系统地组织跳绳竞赛活动。

一、比赛基本组织机构的设置及分工

（一）比赛组织方的确定

根据比赛的规模和覆盖范围确定比赛的组织方，如若是校级比赛，则组织方可以是校队、校体育部和相关社团；如若是院级比赛，则组织方可以是院队、院体育部。

（二）内部进行分工

1. 总负责组

负责组织方的工作，检查落实布置的工作；负责各类文件的草拟和发放；拟办工作计划、总结；协调各组工作。

2. 策划组

策划比赛活动，包括比赛项目、赛程、规则等。

3. 宣传组

负责比赛的宣传、推文制作、海报制作、新闻稿写作等。

4. 执行组

场地申请、收集比赛的报名表、秩序册制作、比赛当天的引导、比赛裁判等。

5. 后期组

比赛结束后成绩的整理、奖状和奖品的准备。

二、比赛前期筹备

比赛前期筹备工作具体包括比赛具体事项的制定、比赛前期文件的制作以及比赛宣传和工作人员招募。

（一）比赛具体事项的制定

比赛具体事项的制定包括时间、场地、比赛项目等。①根据比赛项目规定比赛时间，如单人赛一分钟、双人赛两分钟、集体赛三分钟等。②跳绳比赛的场地限制较少，但也需要地面平整，可以考虑篮球场、排球场、羽毛球场、田径场、乒乓球馆等地。③比赛项目一般有30秒单摇、30秒双摇、30秒交叉单摇、多人长绳"8"字跳、连续三摇、交互绳、两人车轮花样、个人花样等。尽管跳绳项目很多，但上述前四个跳绳项目普及度较高、较易开展，建议学校内规模的比赛可以选择 30 秒单摇、30 秒双摇、30 秒交叉单摇、多人长绳"8"字跳四个项目开展比赛。

（二）比赛前期文件的制作

比赛前期文件的制作包括比赛通知、比赛报名表、比赛规程、安全知情同意书等。

（三）比赛宣传

比赛宣传推广工作包括公众号推文的制作、海报制作、视频制作宣传等。

（四）工作人员招募

赛事工作人员的招募具体包括以下人员：裁判员、签到员、引领员、急救人员、机动人员。

三、比赛进行

1. 比赛场域的布置

比赛开始前，工作人员到场并布置完毕，包括签到区、等待区、候场区、比赛区。

2. 赛中赛事的安排

比赛开始后，队员根据秩序册安排依次进行比赛。

3. 比赛结束后

比赛结束后，工作人员收拾器材、还原场地。

四、比赛后期总结

1. 比赛总结和公示

所有比赛完结后，及时进行成绩核对审查，如没有问题，应在第一时间对比赛成绩进行公示。如有异议，则请示裁判长重新进行决策与评定。

2. 奖状和奖品颁发

对所获名次的团体及个人颁发奖牌及奖品，并进行合照留念。

第四节 校园跳绳竞赛策划方案

目 录

一、活动概述

二、前期策划、准备与时间轴

三、比赛详情

  （一）比赛项目

  （二）时间安排

四、活动预算与物资准备

五、活动分工

六、附录

附录一：赛场秩序

附录二：比赛细则

附录三：人员现场工作细则

七、报名细则及奖励机制

八、应急预案

九、活动场地及休息区域规划

第四章 跳绳竞赛的组织与规则

一、活动概述

（一）活动名称

××大学××杯学生体育赛事之跳绳锦标赛

（二）活动主题

竞速跳绳；团体跳绳

（三）活动背景与目的

为了活跃校园体育文化氛围，进一步增强学生体质，提高学生的健康水平，培养学生的运动兴趣与团结协作精神，丰富学生的业余体育生活，同时为选拔跳绳校队队员，××大学体育部将举办学生跳绳项目推广活动——××杯学生体育赛事之跳绳锦标赛。

（四）活动时间

20××年×月×日—×月×日。

（五）活动地点

××大学××体育馆。

（六）参与对象

全体学生。

（七）活动主办方

××大学体育学院。

二、前期策划准备工作与时间轴

(一) 前期策划准备工作

跳绳竞赛活动前期策划准备工作具体如表 4-18 所示。

表 4-18　活动策划安排

事项		内容	负责学生	指导老师	日期
前期工作	参赛队伍筹备	1) 选手报名表制作 2) 联系参赛各学院体育部部长,发送报名通知 3) 回收参赛报名表,汇总整理并制作秩序册 4) 咨询群内答疑 5) 发送赛前有关注意事项的提醒	××同学	××老师	20××年×月×日
	宣传	微信宣传	××同学		
	志愿者筹备	1) 广州赛区志愿者招募 2) 进行广州赛区志愿者培训	××同学		
	申请及联系	1) 申请场地 2) 体育积分申请 3) 联系红十字会急救人员	××同学		
	物资准备	1) 比赛用物资 2) 工作人员物资 3) 奖状证明制作 4) 第一次物资清点 5) 第二次物资清点及完成场地布置	××同学		

（二）时间轴

跳绳竞赛活动时间轴如表 4-19 所示。

表 4-19　活动时间轴

时间安排	事项
20××年×月×日	在体育部官网和公众号发布通知，同时下发报名表
20××年×月×日	志愿者召集
20××年×月×日	回收报名表
20××年×月×日	秩序册发布
20××年×月×日	清点比赛物资
20××年×月×日	比赛场地布置及比赛正式开始
20××年×月×日	体育积分汇总完成

三、比赛详情

（一）比赛项目

（1）个人项目：30 秒单摇跳、30 秒双摇跳。

（2）团体项目：3 分钟 10 人长绳"8"字跳。

（二）时间安排

跳绳竞赛活动时间安排如表 4-20 所示。

表 4-20　活动时间安排表

事项	布场	比赛项目	比赛时间	收场
时间	20××年×月×日	20××年×月×日	20××年×月×日	20××年×月×日

四、活动预算与物资

跳绳竞赛活动预算与物资如表 4-21 所示。

表 4-21　活动预算与物资

	物品	数量	来源	经办人
借用物资	帐篷	—	体育学院借用	
	桌子	—		
	警戒线（米）	—		
	工作人员椅子	—		
	裁判员椅子	—		
	小绳	—		
	大绳	—		
	体育部旗	—		
	裁判背心	—		
	工作人员背心	—		
	剪刀（把）	—		
	地胶（卷）	—		
	马克笔（支）	—		
	签字笔（支）	—		
	秒表（个）	—		
	订书机（个）	—		
	扩音器（个）	—		
	计数器（个）	—		
	哨子（个）	—		
	秩序册（份）		打印	—
	成绩登记表			
	笔记本（台）	—	成绩组自带	
现场用品	物品	数量	来源	经办人
	饮用水	—	—	—
	工作餐	—	—	—
	横幅	—	—	—

五、活动分工

（一）播音组（4人）

播音组负责及时公布比赛进程，通知即将上场的队员检录，公布获奖名单。

（二）成绩组（20人）

成绩组负责统计各组参赛队员的比赛成绩，并负责统计且写出最终获奖名单。

（三）比赛组（500人）

比赛组成员众多，具体人数安排及分工如下。

（1）参赛队员446人。

（2）检录处10人。包括检录员和引导员。

1）检录员（6人）。①负责及时公布检录进程；②通知即将上场的队员检录；③负责所有项目队员检录，核对队员信息。

2）引导员（4人）。①负责引导队员进入比赛场地；②负责维持检录秩序。

（3）比赛处（44人）。包括计时员和裁判员。

1）计时员（4人）。负责所有项目的计时工作。

2）裁判员（40人）。①负责计数；②监督队员是否出现犯规行为；③记录比赛成绩，将比赛最终结果交与成绩组。

（四）流动组（6人）

流动组主要负责以下事项：①帮助裁判将成绩递交至成绩组；②负责赛场秩序的维持，保证队员有一个安全、舒适的比赛环境；③负责赛场意外情况的紧急处理；④可作为临时替补人员协助完成其他工作人员的工作。

（五）摄影组（2人）

摄影组负责比赛当天的摄影及之后的照片整理。

六、附录

附录一：赛场秩序

（1）比赛项目于赛前15分钟在检录处检录，比赛前5分钟停止检录，凡比赛开始仍未到者，均视为自动弃权。

（2）参赛队员赛前检录时必须携带学生证，未带者不予参赛。冒名顶替者，一经发现，即取消其比赛成绩。

（3）如因参赛队员伤病不能按时参赛需换人的，必须于赛前由领队向体育部提交报告。

（4）各代表队应组织好非参赛人员的观赛事宜，并于赛后自觉整理好代表队所在观赛场地，做到文明观赛。

（5）比赛过程中，所有参赛队员必须绝对服从裁判的判决，如果队员对裁判无礼甚至动粗，则取消其比赛资格。

（6）对裁判判决有异议，需要申诉者，须以书面形式说明个人情况，经领队签名，于赛后半小时内递交裁判长核实，否则申诉不予受理。

附录二：比赛细则

（一）30秒个人单摇跳

1. 简介

按照比赛规则，队员在30秒内完成尽可能多的单摇跳次数。

2. 口令

"裁判员准备——队员准备——预备——跳（或哨音）——10秒——20秒——停（或哨音）"。

3. 技术要求

（1）队员双手摇绳，双脚以轮换跳或并脚跳的方法跳绳，每起跳一次，绳体跃过头顶并通过脚下绕身体一周（360°）。

（2）按裁判口令要求，队员和绳都应从静止准备动作开始，并在指定的场地内完成比赛才算为有效动作。

（3）队员如有抢跳行为，将从其最后应得数成绩中扣除10个。

（4）失误不扣分，但失误次数将被记录。一次失误之后，记录下一个失误之前，绳子必须被至少成功跳过一次。

（二）30秒个人双摇跳

1. 简介

按照比赛规则，队员在30秒内完成尽可能多的双摇跳。

2. 口令

"裁判员准备——队员准备——预备——跳（或哨音）——10秒——20秒——停（或哨音）"。

3. 技术要求

（1）队员双手摇绳，双脚同时起跳，每跳起一次，绳体跃过头顶通过脚下绕身体两周（720°）。

（2）按裁判口令要求，队员和绳都应从静止准备动作开始，并在指定的场地内完成比赛才算为有效动作。

（3）队员如有抢跳行为，将从其最后应得数成绩中扣除10个。

（4）失误不扣分，但失误次数将被记录。一次失误之后，记录下一个失误之前绳子必须被至少成功跳过一次。

（三）30 秒个人交叉单摇跳

1. 简介

按照比赛规则，队员在 30 秒内完成尽可能多的交叉单摇跳次数。

2. 口令

"裁判员准备——队员准备——预备——跳（或哨音）——10 秒——20 秒——停（或哨音）"。

3. 技术要求

（1）队员双手摇绳，双脚以轮换跳或并脚跳的方法跳绳，每跳起一次，绳体跃过头顶并通过脚下绕身体一周（360°），称作单摇跳。在单摇跳基础上空中做出一次交叉动作，称作交叉跳。单摇跳与交叉跳依次轮换。其他与"个人 30 秒单摇跳"项目相同。

（2）按裁判口令要求，队员和绳都应从静止准备动作开始，并在指定的场地内完成比赛才算为有效动作。

（3）队员如有抢跳行为，将从其最后应得数成绩中扣除 10 个。

（4）失误不扣分，但失误次数将被记录。一次失误之后，记录下一个失误之前绳子必须被至少成功跳过一次。

（四）3 分钟 10 人"8"字长绳

1. 简介

按照比赛规则的要求，2 位队员间隔至少 3.6 米，8 位队员进行"8"字长绳跳，在 3 分钟内完成尽可能多的跳次。

2. 口令

"裁判员准备——队员准备——预备——跳（或哨音）——30 秒——1 分钟—30 秒——2 分钟——30 秒——45 秒——停（哨音）"。

3. 技术要求

（1）以学院为单位参加比赛，每队10人，其中2人摇绳，其余8人跳绳，每队至少有4名女生。

（2）2名队员摇绳，其余队员列队从绳的一侧跳至另一侧，一次摇绳只跳过1位队员，跳过的队员在同侧另一端排队，循环接替（呈"8"字形）。若有人在跳的过程中出现失误，致使摇绳中断，则不记为通过，出现失误的队员紧跟上一个队员，比赛继续进行。

（3）跳长绳比赛规定时间为3分钟，以成功跳过的人次多少判定胜负。

（4）哨响后才可摇绳，绳起前，内部不可站人。

附录三：现场工作细则

（一）播音组

（1）负责按时公布比赛进程以及获奖名单。
（2）公布各项通知。

（二）成绩组

（1）统计各项比赛成绩，写出最终获奖名单。
（2）将最终比赛结果提交至广播组。

（三）比赛组

1. 检录处

（1）检录。及时公布检录进程，通知即将上场的队员检录；负责所有项目队员的检录，核对队员信息。
（2）引导：引导队员进入比赛场地，并负责维持检录秩序。

2. 比赛处

（1）计时员。负责所有项目的计时工作。

(2) 裁判员。①计数；②监督队员是否出现犯规行为；③记录比赛成绩并将最终比赛结果交与成绩组。

（四）流动组

(1) 帮助裁判将成绩递交至成绩组，并负责赛场秩序的维持，保证队员有一个安全、舒适的比赛环境。

(2) 协助完成比赛场地的布置（包括赛场检录处、成绩统计处的布置，以及赛场周围的装饰等）。

(3) 作为临时裁判员，随时补上裁判员的空缺。

(4) 负责部分赛后场地的清洁工作以及器材、相关道具的归还工作。

（五）摄影组

负责比赛当天的摄影及之后的照片整理。

七、报名细则及奖励机制

（一）报名细则

1. 参赛人员安排及要求

各院（系）须在所属校区参赛，每队报领队1人，对队员的要求如下。

(1) 个人竞速项目。30秒单摇跳项目、30秒双摇跳项目（每学院男女子组总人数不得超过50人）。

(2) 个人花式项目。30秒交叉单摇跳项目（每学院不得超过15人）。

(3) 团体项目。3分钟10人"8"字长绳（每学院允许3组队员参赛，每队参赛选手中至少有4名女生，不得跨学院组队）。

2. 报名注意事项

（1）参赛单位在×月×日前将电子版报名表发邮件到×××××-×××@qq.com（邮件命名："××大学××院（系）跳绳比赛报名表"）。

（2）比赛报名表见附件1，报名表务必填写参赛学生的姓名、性别、学号、手机号、所在校区以及参赛项目。

（3）提交报名表后，队员信息一律不得更改、调整和补充。在提交报名表前请务必仔细检查队员信息。

（4）安全知情同意书见附件2，参与比赛的队员需于赛前签署"安全知情同意书"，并于比赛当天由领队提交至签到处。

（5）若比赛当天，团体项目成员全部按时到场，在签到处和工作人员说明情况后允许由替补上场。

附件1：

××××年××大学跳绳比赛报名表

组别：

参赛院系（盖章）：

领队：

联系电话：

教练：

联系电话：

比赛项目	姓　名	性别	身份证号码	备注
30秒单摇跳		男		—
				—
		女		—
				—

续上表

比赛项目	姓　名	性别	身份证号码	备注
3分钟单摇跳		男		—
				—
		女		—
				—
个人花样		男		—
				—
		女		—
				—
混合车轮跳		男		—
				—
		女		—
				—

续上表

比赛项目	姓　名	性别	身份证号码	备注
混合30秒交互绳单摇跳		男		—
				—
		女		—
				—
混合3分钟10人长绳"8"字跳	男：			
	女：			
混合8人集体自编表演赛	男：			
	女：			
院系负责人签字：				

大学生健身跳绳理论与实践

附件 2：

自愿参赛责任及风险告知书

本人（队）自愿报名参加_____年_____比赛并签署本责任书。

一、本人（队）已全面了解并同意遵守大会所制定的各项竞赛规程、规则、要求及采取的安全措施。

二、本人已完全了解自己的身体状况，确认自己身体健康状况良好，具备参赛条件，已为参赛做好充分准备，并在比赛前购买了"人身意外伤害保险"；监护人经审慎评估，确认被监护人身体状况符合参赛条件，并自愿承担相应风险。

三、本人（队）充分了解本次比赛可能出现的风险，且已准备好必要的防范措施，以对自己（学生）安全负责的态度参赛。

四、本人（队）愿意承担比赛期间发生的自身意外风险责任，且同意对于非大会原因造成的伤害等任何形式的损失，大会不承担任何形式的赔偿。

五、本人（队）同意接受大会在比赛期间提供的现场急救性质的医务治疗，但在离开现场后，在医院救治等发生的相关费用由本人（队）负担。

六、本人（队）承诺以自己的名义参赛，决不冒名顶替，否则自愿承担全部法律责任。

七、本人（队）及家长（监护人）已认真阅读并全面理解以上内容，且对上述所有内容予以确认并承担相应的法律责任。

参赛项目：

队员姓名：

运动队领队签名：

参赛院系（盖章）：

20 年 月 日

备注：本《告知书》每名队员人手 1 份。先由队员本人及其监护人签字；然后由领队签字，加盖学校公章；最后将所有参赛队员的《自愿参赛责任及风险告知书》装订成册，并在报到时交给组委会。

（二）奖励机制

1. 奖项

本次比赛将奖励个人和团体项目前 8 名，奖励为颁发奖状。（当成绩一致时，失误次数少的队伍获得更靠前的名次）

2. 个人课外体育积分奖励

根据××大学课外体育积分管理规定，所有报名参加比赛的队员均可获得 5 分课外体育积分（无论参与多少项皆为 5 分），获得单人、团体前 8 名的队员可获得额外积分：第 1～3 名奖励 4 分课外体育积分，第 4～8 名奖励 3 分课外体育积分。两项比赛成绩优异（单项前 8 名）的队员取最高积分，参与比赛组织、策划的工作人员及裁判可根据《体育课外积分管理指南》获得相应的体育积分。

3. 赛事积分

各项目前 8 名所属院系也可获得相应赛事积分：个人赛奖励前 8 名，分别按 9、8、7、6、5、4、3、2、1 计分。团体赛双倍积分。

八、应急预案

跳绳竞赛活动应急预案如表 4-22 所示。

表 4-22　应急预案

事项	对策
天气突变	如突然出现降雨天气，除了在活动前对场地进行检查以避开易积水的地方外，如果有积水，则转移场地；如出现恶劣天气，则活动改期且马上做好活动以及场地的申请等工作

续表 4-22

事项	对策
人手紧缺	活动现场每个分组要明确负责人，以及负责区域，且不能轻易离开所负责区域；如遇突发情况需要暂时离开者，应先向负责人说明情况再行离开；其他组如因人手紧张需要他组人员帮助时，请先跟负责人说明。配备机动组人员，以备不时之需
出现安全事故	能当场处理的立即处理，并报告流动组维序员；事前备好药箱；维序员提醒参加活动的人员要注意安全，并时刻注意维护现场秩序
物资	在活动前一天再次核对物资表并且清点物资，确认所需物资齐全且放置在方便运至场地处。为防物资紧缺，可备用部分物资
设备损坏或丢失	使用后备物资或其他物品代替，登记好损坏设备；如果备用物资不能马上到位，暂时不分发相关物品，同时由会场维持秩序的人员快速处理
参赛选手质疑成绩以及比赛结果	由成绩组工作人员解释说明，与选手做好沟通，安抚失意选手的情绪
活动音乐问题	若出现音响设备问题，负责人员应及时处理或启用备用设备
比赛环节各位置/场地冲突	为防止出现有些场地临时不可用的情况，应该事先准备好备用场地，经现场协调后在最短时间内布置好备用场地
活动过程中工作人员突发身体不适	通知负责人调换工作，现场调整人员（提前设好机动组）
过多人员滞留	将人员带出比赛区域，可建议他们留下彼此的联系方式，过后再进行交流；或者引导他们观看其他项目的比赛

续表4-22

事项	对策
获胜组成员漏登记	根据签到的记录，通过联系方式联系参赛选手登记
清场时物品过多	可先由几名维持秩序的人员归还所借设备，其他人清理场地，并将剩余的物品（如横幅等）分配给固定的工作人员，请他们暂时代为保管

第五章　跳绳运动的保健知识

第一节　运动保健知识简介

运动保健是指在体育锻炼、运动训练和比赛中运用临床医学和体育学的理论知识与方法对体育运动者进行监督与指导的过程。它包括体育卫生、医务监督、运动创伤及医疗体育等方面的内容。运动保健同时也指通过运动来达到保持健康的目的。

跳绳是一项简单、老少皆宜又有诸多益处的有氧运动，合理科学的跳绳运动对于提高人的心肺功能有着重要作用，它不仅能够改善人的速度、力量、灵敏度以及身体的协调性，同时也能够起到锻炼肌肉和增强骨骼的积极作用。正因如此，越来越多的人都开始选择跳绳运动。但不管什么运动，如果没有做好防护措施和热身运动，运动损伤就会难以避免。

第二节　跳绳运动常见损伤

一、跳绳运动创伤部位的分析

在实践过程中发现，跳绳运动中以膝部和踝部受伤率最高，

第五章 跳绳运动的保健知识

这主要是由踝关节的解剖特点所致。当关节跖屈时,其稳固性相对降低,则内侧副韧带比外侧副韧带坚实,在运动中如遇场地不平或重心不稳落地时,就容易发生踝关节内、外翻(见图5-1),引起外侧副韧带拉伤。膝关节由于内侧副韧带比较薄弱,绝大多数的创伤可伤及内侧副韧带;慢性损伤则多见于髌骨劳损,造成这些慢性损伤的原因主要是膝关节过度伸直、弯曲、旋转,以及外力撞击或超长时间运动、极度劳损,等等。

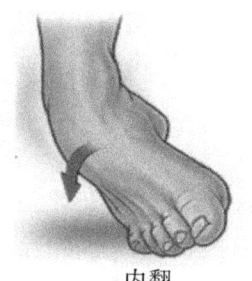 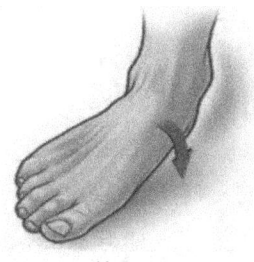

内翻　　　　　　　　外翻

图5-1　踝关节内翻、外翻示意

资料来源:参见"搜狐网"(https:www.sohu.com/a/221290824_498625)。

二、跳绳运动损伤的分类及分析

(一)跳绳运动能力的受损及分析

根据运动过程中人体运动能力的受损程度,可将运动损伤分为轻度损伤、中度损伤和重度损伤。

1. 轻度损伤

轻度损伤是指该类损伤对之后的体育活动或训练影响不大,没有造成身体运动能力的完全丧失,常表现为扭伤、皮肤轻度破损等。

2. 中度损伤

中度损伤是指运动损伤发生后直接影响队员后续运动计划,

需要减少或终止运动，待身体恢复调整到正常状态后才能进行训练和比赛，常表现为肌肉拉伤、肌腱扭伤等。

3. 重度损伤

重度损伤是指人体受损伤较严重，运动损伤发生后需要经过长时间的康复训练或住院治疗才能正常进行体育运动，常表现为骨折、韧带断裂、脏器受损等。

（二）运动创伤分类及分析

运动创伤主要有擦伤、挫伤、脱位、肌肉拉伤、韧带扭伤、骨折、慢性劳损等。

1. 闭合性软组织损伤

常见的多属于闭合性软组织损伤，这种损伤在球类运动中最为多见。在足球、篮球等对抗性较强的运动中，因相互冲撞、被踢打或身体某部位撞击在器械上等，轻者出现皮下组织挫伤，重者则出现关节脱位、骨折、重力休克等。

2. 肌肉拉伤

由于肌肉主动猛烈收缩，其收缩力超过了肌肉本身所承担的能力，或肌肉受力牵伸时超过了肌肉本身所固有的伸展程度，均可引起肌肉拉伤。

3. 关节韧带扭伤

关节韧带扭伤是在外力作用下，关节发生超常范围的活动而造成的。轻者发生韧带部分纤维的断裂，重者则韧带纤维完全断裂，引起关节半脱位或完全脱位，同时可合并关节囊、滑膜和软骨组织的损伤。①

---

① 参见李淑芳《普通高校大学生体育运动创伤的分析研究》，载《北京体育大学学报》2004 年第 11 期，第 1509－1510 页。

三、常见跳绳运动损伤的处理措施

（1）擦伤：如跳绳运动时摔倒、碰撞等，使皮肤表面与粗糙物摩擦后造成的损伤。伤口较轻者，可先用生理盐水或冷开水冲洗干净，再用酒精进行局部消毒。如伤口内有砂石等异物，应先将异物挑出，然后用生理盐水冲洗干净，最后涂上紫药水（高锰酸钾溶液）进行消毒即可。注意，面部不宜使用紫药水。

（2）挫伤：如跳绳运动时因碰、跌、撞、摔等情况，导致局部疼痛、肿胀、皮下出血、皮肤青紫等症状。应停止运动，检查四肢是否有骨折、错位的情况。如果仅为单纯性挫伤，应立即包扎或冷敷，外敷跌打损伤药品。严重者应及时送往医院进行治疗。

（3）关节扭伤：伴有疼痛、红肿等症状，皮下出血者可渐见青紫区，处理办法同挫伤。如疑有韧带撕裂或者并发骨折损伤者，可在加压包扎后请医生进一步检查和治疗。

（4）肌肉损伤：一般表现为跳绳运动后身体某一部分出现疼痛、抽筋、肌肉紧张，伤后肌肉功能减弱或丧失。应及时采用冷敷法，局部加压包扎，若出现肌肉大部分或完全断裂等情况，则需进行手术缝合。

（5）关节脱位：俗称脱臼，分为完全脱位和半脱位（错位）两种。通常因跳绳运动时遭遇猛烈的外力而导致关节面失去正常的连接关系，如摔倒时用手撑地，引起手关节或肩关节脱位。处理时应选择长度和宽度相符的夹板来固定伤肢，防止移动，随后请医生矫治。

（6）骨折：可分为开发性骨折和闭合性骨折两种。体育运动中多发为闭合性骨折，其中以前臂发生骨折为多，其症状是伤处有剧烈疼痛感，并丧失正常活动功能，一般还有明显的畸形、肿胀和压痛。处理时要注意让病人保暖，止疼、止血、防止其休克，包扎固定后送医院治疗。

第三节　跳绳运动损伤的预防

身体直立，两腿并拢，以脚尖着地进行快速跳绳是一种最常见的跳绳动作，此种跳绳方法由于身体直立，踝和膝部位需要承重以分散压力，所以，发生的损伤多在踝和膝部位。同时，因为膝关节与半月板的摩擦还有韧带的拉伸比较频繁，会导致疼痛、酸痛等运动反应，所以，建议在跳绳的时候通过膝盖微弯来减少损伤发生的可能性。足踝部位也比较容易受伤，落地的时候如果控制不好，可能导致足部韧带拉伤和足弓部位的损伤，所以，建议尽量减少足后半部分与地面接触的面积和时间，尽量用脚尖着地并减少着地时间，且身体微微前倾。以下是防止出现运动损伤的好办法。

一、科学的热身活动

科学合理的热身可以达到提高体温、激活肌肉、增大关节的活动范围，以及预防运动损伤的目的，所以，教学过程中要重视热身活动的环节，并针对体育项目的特点进行专项准备活动。

（一）头部运动

前后左右活动头部，拉动颈部肌肉。动作共需进行3组，每组10次，每组间允许有5～10秒的休息时间。

（二）肩部拉伸

找一扇门，举起一侧手臂并伸直，与地面平行，抓住门柱，身体慢慢前倾，此时手臂在肩部的后方，胸部肌肉、上臂和前三角肌都处于被拉伸的状态。保持30秒钟后换另外一侧手臂，重复3～5组。

（三）腹背拉伸

1. 匍匐式拉伸

双膝跪于地面，脸部朝下，臀部靠近脚跟，双手自然向前，最大限度地向前延伸，臀部向后挺，保持30秒。重复10次。

2. 坐立式拉伸

腰背挺直坐在椅子上，将双手放置在大腿上，脸部向上，感受身体向上舒展。

（四）腿部拉伸

1. 站立后扶脚

将脚踝向上拉，使膝关节达到最大弯曲角度，脚跟贴近臀部。初级重复2次，每次25秒；中级重复3次，每次35秒；高级重复4次，每次50秒。

2. 侧边拉伸

牵拉手所抓住的那只脚，使膝关节达到最大弯曲角度，伸展臀部。初级重复2次，每次25秒；中级重复3次，每次35秒；高级重复4次，每次50秒。

（五）脚跟拉伸

找一面墙，站在距墙10厘米远的地方。让右脚脚趾靠在墙上，确保脚后跟在地板上，然后弯曲脚掌，保持15～20秒。

大学生健身跳绳理论与实践

二、爆发力训练

下肢爆发力体现着基础体能素质，决定着队员在训练和比赛中的运动表现。① 在体育教学过程中加入快速动力性的负荷训练，包括分腿脚、下跳后转体跳、屈髋跳等，有利于调整体能状态，提高肌肉、肌腱、韧带的感知能力和快速反应能力。

在训练爆发力的方法中，最常采用的是超等长训练。超等长训练是指肌肉被快速拉长（离心收缩）后积极收缩（向心收缩），利用肌腱弹性、肌肉收缩和牵张反射来发展肌肉力量的训练方式。② 超等长训练方式多样，可有针对性地选择练习，如上肢的训练动作就有爆发性俯卧撑、俯卧撑击掌、实心球接抛等；下肢的超等长训练则有原地双脚跳、单腿收腹跳、深蹲跳、弓箭步跳、立定跳远、跳箱等动作。随着现代运动训练理论和实践的不断发展，国际上也将其称为快速伸缩复合练习。③ 它主要包括多种跳跃练习和经典的跳深练习（跳深是一种连贯的肌肉拉长收缩运动），对力量和爆发力的保持和发展起到了一定的促进作用。

（一）跳箱练习

跳箱是下肢的增强式训练动作之一，它能在短时间内快速激发腿部的最强力量。练习者双脚自然开立，与肩同宽，面向初始高度的跳箱。双臂双膝微屈，起跳时双臂迅速用力上摆，带动髋

---

① 参见周文生、张前前、毛苏杰等《不同训练方式对体育教育专业大学生下肢爆发力影响研究》，载《体育科技文献通报》2022年第4期，第143－146页。

② 参见百度经验（https：//jingyan.baidu.com/article/95c9d20d948e48ad4f756129.html）。

③ 参见［美］Donald A. Chu Phd《快速伸缩复合训练》，阮棉芳、尹军译，北京体育大学出版社2011年版，第2页。

膝踝的充分伸展，双脚快速蹬离地面，向前跳上跳箱。当脚触及地面时，迅速屈膝缓冲，而后快速蹬离地面，连续跳上高度渐增的跳箱。在练习过程中，注意保持核心区收紧和适宜的跳跃节奏，尽量缩短双脚落地的触地时间；跳上跳箱时，全脚掌落地支撑，避免脚尖或脚趾支撑，以防发生意外损伤。此练习对于肌肉群缓冲—蹬伸快速转换的要求较高，这样有利于建立起更加强烈的肌牵张反射，强化参与工作集群的爆发式用力，在提高肌肉克制性收缩能力的同时，达到其与肌肉退让缓冲能力的协调配合。考虑到跳箱练习时，人体从高台下落，会受到地面给予的强大冲击负荷，应尽量选择软塑胶场地或硬垫作为缓冲的落地区，以克服自身重量的冲击，应以快频率多次数中小负荷练习为主。随着训练水平的不断提高，逐渐增加跳箱的高度或跳箱的间距，同时要严格控制练习组间的休息时间，让机体在适宜恢复中接受持续的强度刺激。①

（二）吸腿纵跳练习

练习者直立，迅速下蹲，然后迅速跳起，收紧核心，腹肌主动发力，同时屈膝，膝盖主动向腹部上提，落地后，迅速重复动作。在练习过程中，吸腿要注意脚尖位于膝盖旁，大腿与身体成90°，双脚同起同落，双脚起落要富弹性且有力。

（三）立定跳远练习

立定跳远的完整动作由双臂前摆、起跳、跳起和落地四个动作组成。练习者站立，两脚与肩同宽，双臂前后摆动，在双臂前摆时应伸直双腿，双臂后摆时应使膝盖向下弯曲，起跳时前脚掌

---

① 参见吕欢欢《下肢爆发力练习对高校体育教育专业学生跳跃项目教学效果的影响》（学位论文），北京体育大学 2018 年。

用力蹬地，同时伴随着双臂强有力的摆动，向前上方蹬起。

三、肌肉力量强化训练与柔韧性提升训练

1. 肌肉力量强化训练

肌肉力量强化练习包括肌肉力量和肌肉耐力锻炼两个方面。肌肉力量是指人体某一部位的肌肉（单块或肌群）的最大力量，可分为静力性力量和动力性力量。静力性力量是肌肉等张缩时的力量，是指为维持、固定肢体于一定位置或保持一定姿势的肌肉收缩力量。静力性力量锻炼的特点是人体和关节不产生明显的位移运动，如悬垂、负重侧平举、蹲马步等。动力性力量使肢体产生明显的位移，使人体或物体产生运动，如俯卧撑等。俯卧撑除了锻炼胸大肌外，还能锻炼前锯肌、三角肌前束、肱三头肌及前臂肌群，也能使腹直肌、腹内斜肌、腹外斜肌、髂腰肌、股四头肌及小腿三头肌得到锻炼。

2. 柔韧性提升训练

柔韧性提升的基本方法包括动力拉伸和静力拉伸两种方法。动力拉伸法是指有节奏地通过多次重复某一动作的拉伸方法。静力拉伸法是指通过缓慢的动力拉伸，将肌肉、肌腱、韧带等软组织拉长，并停留一定时间的练习方法。这两种方法均可采用主动的拉伸和被动的拉伸。主动的动力性拉伸方法是借助自身的重力或力量拉伸。被动的动力性拉伸方法是依靠外力的拉伸。在训练过程中，根据不同关节活动范围的技术需要来确定发展柔韧性和保持柔韧性阶段练习的重复次数。每组练习持续时间大约10秒钟左右。静力拉伸练习要求停留在关节最大伸展程度的位置上，保持30秒左右。为保证训练者在完全恢复的状态下进行下一组柔韧性提升练习，可在休息间隙做一些肌肉放松练习或按摩。例

如,在进行体后屈练习后可做体前屈等练习。①

四、运动装备

运动装备对于练习者来说,有着极其重要的作用。合适的运动装备可以让身体更放松,练习更顺畅,达到事半功倍的效果。

(一)运动服

运动服看似和日常的服装没什么不同,但还是有很大的区别的。运动上衣普遍采用纯棉混合其他材质,相对来讲比普通衣服透气好、排汗快,且一般都会加入涤纶等弹性材质,更利于伸展身体,就算做一些幅度大的动作也不会令人感到衣服紧绷,从而帮助提高运动成效。还有专门为运动状态设计的紧身裤,能有效减缓软组织振动、减少肌肉活化,有利于缓解长时间的疲劳状态。

(二)运动鞋

好的运动鞋不仅能让你的脚部更加舒适,还能够减轻跑步时膝盖的受力,降低膝盖受损的概率。选择跑鞋之前你需要了解自己的足型,根据足型选择适合的运动鞋。对于扁平足的练习者,建议选稳定性强且有夹层鞋底的跑鞋,以起到支撑作用;正常足脚印内侧稍缺,适合大多数运动跑鞋;高足弓者脚印内侧大块缺失,建议选择缓冲鞋,厚厚的减震垫可以吸收脚部落地时的冲击力。

---

① 参见《发展柔韧素质的基本方法》(https://xw.qq.com/cmsid/20211009A020VK00.)。

(三) 辅助工具

运动辅助工具如瑜伽垫、泡沫轴、伸展带、哑铃等在运动中都可以使身体更好地进行进阶练习和伸展。身体有缺陷和疾病的人也能通过辅具进行理疗和辅助练习,在一定程度上减少运动伤害。

五、肌肉贴

肌肉贴的作用是缓解运动损伤引起的疼痛和预防肌肉关节受伤。它的原理是利用外力将筋膜层拉开,减少软组织和筋膜的摩擦,增加血液循环和淋巴液循环,从而减轻由过度劳损而引起的疼痛。不仅如此,它还有增加关节活动度、增加肌力的功能。练习者在练习前为了预防受伤,可以在相应部位贴上,以防万一。如出现运动受伤的情况,不严重的可以运用肌肉贴缓解疼痛,情况严重则需到医院就医。

第四节 跳绳运动后的调整

一、科学饮食

在跳绳课堂训练或比赛过程中,身体进行着激烈的能量代谢,身体代谢需要科学合理的营养,以满足高强度、大负荷运动量产生的特殊营养需求。科学饮食是保障队员身体素质训练的重要基础,在保持队员身体健康的同时,对于运动机能的发展和提高起到极为关键的调节作用。营养补充离不开饮食补水，在饮食的选取上要注重合理的膳食搭配。

（一）根据运动内容进行饮食搭配

1. 日常饮食的搭配

每天的食物中必须包含优质适量的蛋白质原料，含量相对高的碳水化合物，以及含量相对低的脂肪，蛋白质、碳水化合物、脂肪3种的比例应为25∶55∶20左右。同时，饮食搭配与个人体重之间存在关系，如：1千克体重需要约4.16克蛋白质、2.46克脂肪、18克碳水化合物。在睡了一夜后，尽量不要选择空腹进行训练，大量的运动会耗费较多的能量，这时记得补充能量，以保证肌肉的生长。为了促进肌肉生长，热量摄入须达到每天每千克体重220克以上。

2. 补充碳水化合物和优质蛋白原料

为了保证身体不因糖原的流失而造成肌肉分解，建议女性每千克体重补充碳水化合物2.5克、男性每千克体重摄入碳水化合物3.5克。

3. 采用多餐制

采用一日多餐制，可以有效地防止脂肪累积，提高食物的吸收率。建议每日用餐次数为6次，6次用餐次数的总和应满足并达到每天应该摄入食物的热量总数。

（二）通过饮食保持人体内酸碱平衡

饮食中食物的酸碱含量各不相同，在饮食选取中要根据食物中的酸碱含量，科学合理地实施营养补充计划，尽量保证食物搭配互补，确保人体酸碱平衡状态。要熟知肉类、水果、蔬菜等各种食物的酸碱含量，做到了如指掌。只有这样，饮食选取才会充分发挥营养补充的积极效应。

（三）跳绳后不能立即大量饮水

水是人体不可或缺的组成部分，队员在运动中会消耗大量的水分，因此，运动后要科学合理地补充水分。首先要控制饮水的速度和数量，尤其是在剧烈运动后，更要控制和把握饮水的节奏，即便口渴难忍，也要休息等待，待身体机能恢复平稳后，再慢慢补水，否则，队员很可能由于饮水过程中大口喝水等原因导致人体机能受损。其次，要在水中加入一些营养元素，使队员快速恢复体力，以补充运动中流失的能量。运动后补水要根据情况做好糖水、盐水或者功能类饮料的选取。

二、体能恢复

（一）科学运用积极休息与消极休息

从人体生理角度来看，人类的休息可以分成两种：一种是主动的，一种是被动的。在队员的训练实践中，可以根据队员的训练状况选择最佳的休息方法。如果在训练之后，队员决定采用积极的休息方法来恢复体力，那么在完成了力量训练之后，要对身体负荷比较大的肌肉群进行积极的干预，比如进行伸展运动、屈体运动等；如果刚刚进行了速度和耐力的训练，那么可以进行慢跑、拉伸等锻炼，或者在课堂上做一些简单的放松运动。另外，在做这些动作的时候要将速度放慢，让身体慢慢地恢复，不能操之过急，不然会对肌肉造成压力。要想进行被动的休息，必须避免所有的分心事物，在一个安静的环境下，保证选手充分的睡眠，使队员能够充分地恢复体力。

（二）创建身心放松的生活环境

大学生是一群朝气蓬勃、勤奋好学的青年，但也有急躁、好胜之心,这种年轻人的个性特点,既是可以好好利用的资源,又是对错和冲突的源头。如果能正确地引导他们,让他们发挥出自己的能力,感受成长的喜悦,他们将受益无穷。但如果没有得到正确的引导,那么,他们之间的矛盾就会越来越大,到时候,矛盾就会升级,最终爆发。因此,在当前的教学条件下,学校要尽可能地为学生提供更多现代青少年所喜欢的娱乐场所,为他们营造一个轻松的环境。比如,可以设立一些阅览室、3D 运动场、练歌厅等,为学生提供多样化的娱乐活动。在这种氛围下,每个人都可以通过各种活动来进行自我调节和自我修养,并受到自己感兴趣的文化和艺术的熏陶。在这个过程中,学生可以让自己的身体和精神都得到极大的放松,从而迅速恢复体力。但在这个过程中,教师要加强对学生的组织和管理,确保这些娱乐设施在起到一定的作用的同时,防止学生沉迷其中而影响训练效果。

(三) 科学利用医疗手段

1. 物理疗法

水疗法是最基本、最简单、最重要的物理治疗方法,其中包括淋浴、浸浴、桑拿浴、水冲按摩等。水疗法可以通过水的温度、压力、浮力、冲击力等多种物理力来刺激身体,从而促进血液循环,加速新陈代谢。除此之外,理疗和按摩也是一种很好的恢复体力的方法,通过各种不同的物理原理以及相应的医疗器械,让队员在训练后达到舒缓疲劳的目的。

2. 药物疗法

近年来,我国运动队逐渐加大了对药物治疗的研究与应用,尤其是对中草药的应用更加广泛,这是我国特有的优势。常用的促进体能恢复的中药有人参类、冬虫夏草、灵芝和鹿茸等,多采用的是这些中草药的制剂产品,食用方法也更加便捷。另外,根据产生疲劳的程度和原因的不同,也会使用一些化学类药品,例如葡萄糖、氨基酸、ATP、肌酸等，来提高队员的代谢功能，提升其免疫力。振奋身体机能，减轻队员因为运动受伤所造成的疼痛感等，尤其是在放松肌肉以及调节神经方面，更能发挥良好的作用。

（四）善用营养学手段

在缺乏某些营养素的情况下，队员不仅运动能力会降低，同时机体免疫力和抗氧化能力也会降低，从而更容易因体力不支而产生疲惫感，所以需要及时补充身体所需营养。考虑到不同的运动项目和运动量，队员需要的营养成分也是不同的，而同一队员在不同的阶段所需要的营养成分也是不一样的，不同的季节所需的能量也会有所差别。队员在日常训练中能量消耗大，这时就需要及时补充能量以进行接下来的训练。同时，为了提高队员的运动能力，需要全面补充有效营养成分。为了维持健康的体重，对每种食物的热量也需要进行科学的计算。针对不同类型的运动，能量补充的侧重点不一样。例如，对于耐力性运动来说，储糖量是关键；而对于力量和速度性训练来说，则需要短时间内的爆发力，蛋白质是增强肌肉及爆发力的关键。除此之外，人体所需的其他必要的营养素，如水、茶多酚、无机盐和维生素，也是不可或缺的。

第六章 思政走进体育课堂

第一节 体育课程思政建设的意义

培养什么样的人、怎么培养人是当前高校教师该思考的首要问题。高校公共体育课程作为高校思政课程建设的重要一环,对于贯彻落实课程思政、实践"三全育人"具有不可忽视的作用。

随着社会的发展进步,我国在不断地推进新课程改革,越发重视学生的素质教育。素质教育理念要求学校重视学生德智体美劳全面发展,将学生培养成为全面发展、为社会提供专业素养的高素质综合型人才。重视素质教育,发展体育教育,就要优化传统的体育教育理念,体育教育不只是简单地强身健体,而要将健身、康复、娱乐等目标综合起来。在当前的社会形势下,国民体育热情高涨,国家体育事业也需要大量的复合型体育人才,因此,在课堂中融入思政教育,能更加深刻地让学生体会体育的意义,感受体育精神,了解体育政策。因此,体育思政课程以"立德树人"为根本任务,为国家培养德智体美劳全面发展的社会主义建设者和接班人。

大学生健身跳绳理论与实践

第二节 体育课堂中课程思政的特点

一、情感性

在体育课堂上融入思政教育能更快更生动地引起情感的共鸣，其中主要包括责任感、荣誉感、集体感、自尊感、羞耻感、友谊感和爱国主义情感等。在高校体育教学中，集体荣誉感是最受关注的，也是每位学生必须具备的基本素质之一。在跳绳课程的教学中，不管是基础跳、花样跳还是集体绳，都需要队员之间互相协助、共同完成。通过学生提高个体的运动能力以帮助团队取得最终胜利，这在一定程度上对学生的学习和参与感提出了要求。尤其是在团队作战中，成员必须服从组织的决定，可以加强技术、战术的配合应用，在互相合作的过程中加强学生之间的情感联系，使其能够互相关心、互相帮助，并养成愿意养集体付出的习惯，增强集体荣誉感。

二、互动性

体育项目的开展往往需要多人配合，这在无形中增加了学生之间的联系，大大提升了互动性。在与周围个人、集体互动的过程中，学生的交际能力、思想道德水平等方面都会有所体现，可以说有人的地方就有互动，有互动的地方就会有思政教育的契机。

三、多样性

相对其他课程，体育课上，学生的主动性与可选择性更高，也更为活泼和生动，是学生放松自我、自由成长的良好机会。

第三节　跳绳课程思政的育人价值体现

一、弘扬爱国精神

跳绳运动传承了民族体育文化，开展跳绳运动，可以实现对民族体育运动的发扬和传承，并且将更多的流行元素融入其中，能够调动学生参与体育运动的热情和积极性。让体育从身体活动上升到培养人的全面素质特别是意志品质、健全人格和人际交往能力，以及弘扬爱国主义精神的重要层面。

二、培养坚持不懈精神

跳绳运动是有氧运动中效率较高的一种，持续 10 分钟的慢跳绳与慢跑 30 分钟或跳健身操 20 分钟相差无几，可谓耗时少、耗能大的有氧运动。这就要求学生在日常训练学习中除了学习技能外，更要学会在体力不支时咬牙坚持，锻造自己的坚强意志，同时，还应具有胜不骄、败不馁的体育态度。跳绳比赛等形式也会磨炼学生的意志，培养他们顽强勇敢、坚持拼搏的体育精神和高尚的体育道德。

三、练就吃苦耐劳精神

队员坚忍顽强、吃苦耐劳的精神是优于同龄人的。竞技运动训练的重负荷、高强度、快节奏锻炼了他们的身体，也培育了他们的精神。想跳好绳并不是一蹴而就的事情，需要靠一日复一日的练习，更需要有克服懒惰、战胜困难的勇气，坚持到底的精神，最终才能获得优异的成绩。

四、激发创新精神

跳绳虽然源于古代，但现代人的生活方式处于不断的动态创新发展中，跳绳的技巧方法也随着人们生活方式的改变而不断创新发展，在原有基础上增加了花样跳绳、交互跳绳等各种充满活力和挑战性的方法技巧。跳绳通过现代化改造，成了一项集健身、娱乐、竞技、观赏于一体的体育运动项目，可以培养学生敢于创新的精神。

五、培养遵纪守规精神

每一项体育运动都会有其独特的训练方法和竞赛规则，在学习跳绳项目的技能和竞赛规则的过程中，促进学生了解并遵守团队纪律，了然竞赛中的环境，以及对手、搭档、裁判等整个系统的关系，从而引导学生在日常生活中懂规矩、守法度，增强其诚信意识和规则意识。

参考文献

[1] 刘树军.花样跳绳［M］.北京：高等教育出版社，2013.

[2] 张永贸.现代高校花样跳绳理论与实践探究［M］.北京：水利水电出版社，2019.

[3] 彭远志.炫酷运动花样跳绳［M］.重庆：西南师范大学出版社，2012.

[4] 李忻怡，肖夕君，唐尧涵.花样跳绳发展现状及推广策略研究［J］.当代体育科技，2021，11（35）：143－145.

[5] 赵俊伟，张敏.跳绳训练在青少年橄榄球队员踝关节损伤防护中的可行性探讨［J］.青少年体育，2022（1）：59－60.

[6] 吴方，井兰香.双摇跳绳训练对大学生下肢肌肉力量的影响［J］.湖北体育科技，2022，41（1）：68－72.

[7] 刘近林.花样跳绳运动人文价值探究［J］.当代体育科技，2021，11（33）：184－187.

[8] 陈静.花样跳绳运动在高校开展现状调查研究［J］.文体用品与科技，2021，23（23）：117－118.

[9] 赵冰晶，杜雪琪.花样跳绳引入高校体育课堂的有效性和教学策略［J］.当代体育科技，2021，11（31）：80－82.

[10] 王彤.体教融合背景下核心力量训练对青少年跳绳成绩的影响研究［J］.文体用品与科技，2021（21）：48－49.

[11] 陈燕.跳绳训练对高校专项学生身体素质的影响［J］.田径，2019（10）：3－4.

[12] 尚承林. 运动后营养补充及饮食选取 [J]. 现代食品，2016（17）：20-22.

[13] 高文虎. 运动训练中有效恢复体能方法 [J]. 体育风尚，2021（9）：58-59.

[14] 陈琴. 花样跳绳的体育文化价值探讨 [J]. 休闲，2018（9）：101.

[15] 宋雯丽. "健康中国2030"背景下我国群众体育发展趋势及治理路径 [J]. 体育科技，2020，41（4）：56-57+59.

[16] 董新万. 新时代"课程思政"在跳绳运动中的融合与探究 [J]. 拳击与格斗，2021（4）：104-105.

[17] 张华英. 花式跳绳"课程思政"资源开发研究 [J]. 体育科技，2020，41（6）：115-116.

[18] 国家体育总局社会体育指导中心. 全国跳绳运动竞赛规则 [R]. 2020.